11 VÉRITÉS SUR LESQUELLES CONSTRUIRE VOTRE VIE

W0184492

fondements

UNE RESSOURCE POUR LA FORMATION DE DISCIPLES

Guide du participant

tom holladay et kay warren

Motivé par l'Essentiel

Nous souhaiterions recevoir vos commentaires. Veuillez nous envoyer vos remarques sur ce guide, à l'attention de info@motiveparlessentiel.org. Merci.

Titre original publié aux Etats-Unis sous le titre:
Originally published in the U.S.A. under the title:
Foundations Participant's Guide
Copyright © 2003 par / by Tom Holladay & Kay Warren
Zondervan, *Grand Rapids, Michigan 49530*
Tous droits réservés. All rights reserved

Copyright © 2008 de l'édition française
Copyright © 2008 of the French Edition
Motivé par l'essentiel, *Pré-de-Pâques 7, CH-1303 Penthaz*
www.motiveparlessentiel.org

ISBN 978-2-940413-05-8

Les textes bibliques (sauf contre-indication) sont tirés de la Bible, version Segond 21, Société Biblique de Genève, 2007

Les citations marquées PV sont tirées du Nouveau Testament, Parole Vivante, Éditeur de littérature Biblique, 1976-2001

Les citations marquées TOB sont tirées de la Bible, Traduction Oecuménique de la Bible, Société Biblique Française, Éditions du Cerf, 2005

Les citations marquées FC sont tirées de la Bible, Français Courant, Société Biblique Française, 1997

Les citations marquées DAR sont tirées de la Bible, version Darby, Bibles et Publications Chrétiennes, 1991

Les citations marquées NEG sont tirées de la Bible, version Nouvelle Edition de Genève, Société Biblique de Genève, 1979

Les citations marquées SEM sont tirées de la Bible, version du Semeur, Société Biblique Internationale, Éditions Excelsis, 2000

Les adresses Internet mentionnées dans ce livre vous sont proposées comme références. Les sites mentionnés ne sont en aucun cas recommandés par l'éditeur, et nous ne garantissons pas non plus leur contenu pour toute la durée de vie du présent ouvrage.

Tous droits réservés. Aucune partie de cette publication ne peut être reproduite, stockée dans un système numérique ou transmise sous quelque forme ou par quelque moyen que ce soit – électronique, mécanique, photocopie, enregistrement ou autre – excepté pour de courtes citations dans des revues imprimées sans la permission préalable de l'éditeur.

Mise en pages: Beth Shagene
Couverture: Rob Monacelli
Photos de couverture: DGP+C/Getty Images

Imprimé en Europe

Table des matières

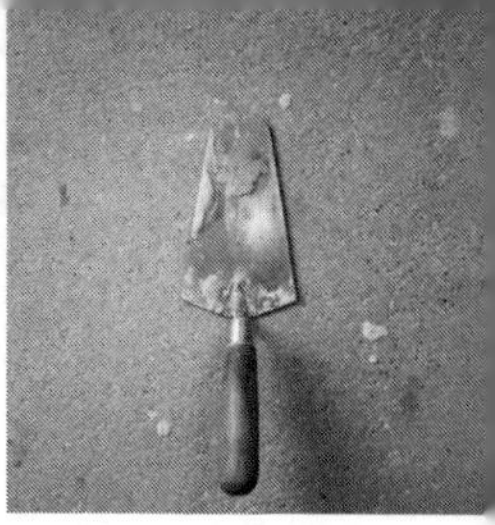

Préface

Ce que cette étude *Fondements* vous apportera

À une certaine époque, j'ai construit une cabane en rondins dans les montagnes de la Sierra, au nord de la Californie. Après dix semaines de travail forcené pour dégager un emplacement au cœur de la forêt, le seul résultat de mes efforts était une fondation carrée en béton. J'étais découragé, mais mon père, qui avait construit plus d'une centaine de bâtiments d'église au cours de sa vie m'a dit: «Réjouis-toi, mon fils! Une fois que tu as posé les fondations, le travail le plus important est derrière toi.» Depuis, j'ai appris que ce principe s'applique à l'ensemble de la vie: on ne peut rien construire de plus grand que ce que les fondations peuvent supporter.

Les fondations de n'importe quel bâtiment déterminent à la fois sa taille et sa robustesse; le même principe s'applique à notre vie. Une vie bâtie sur un mauvais fondement n'atteindra jamais les hauteurs que Dieu avait prévues. En bâclant vos fondations, vous limitez votre vie.

C'est la raison pour laquelle cette étude est tellement importante. L'étude *Fondements* est la base biblique d'une vie motivée par l'essentiel. Nous devons comprendre ces vérités qui transforment notre vie, afin de pouvoir profiter des objectifs que Dieu a pour nous. Ce cours a été enseigné, testé et révisé sur une période de dix ans, auprès de milliers de membres de l'Église de Saddleback. J'ai souvent dit que *Fondements* était le cours le plus important de notre Église.

Pourquoi avez-vous besoin de fondements bibliques pour votre vie?

- *C'est la source de la croissance personnelle et de la stabilité.* Dans notre vie, trop de problèmes sont causés par de mauvais raisonnements. C'est pourquoi Jésus a dit que la vérité nous rendrait libres et que Colossiens 2.7 nous dit: «Soyez enracinés et fondés en lui, affermis dans la foi telle qu'elle vous a été enseignée».
- *C'est le soutien d'une famille saine.* Proverbes 24.3 nous dit: «C'est par la sagesse qu'une maison est construite et par l'intelligence qu'elle s'affermit». Dans un monde en perpétuel changement, les familles solides sont fondées sur la vérité immuable de Dieu.
- *C'est le point de départ de tout leadership.* Vous ne pouvez emmener les gens plus loin que là où vous en êtes vous-même. Proverbes 16.12 dit: «C'est par la justice que le trône s'affermit».

- *C'est la base de votre récompense éternelle au ciel.* Paul a dit: «Que l'on construise sur ce fondement avec de l'or, de l'argent, des pierres précieuses, du bois, du foin ou de la paille, l'oeuvre de chacun sera dévoilée. . . . Si l'œuvre que quelqu'un a construite sur le fondement subsiste, il recevra une récompense» (1 Corinthiens 3.12-14).
- *La vérité de Dieu est le seul fondement qui subsistera.* La Bible nous affirme que «si quelqu'un enseigne différemment, s'il répand des hérésies ou introduit des innovations, il s'écarte des saines paroles de notre Seigneur Jésus-Christ et de la doctrine qui conduit à une vie vraiment conforme à la volonté de Dieu» (1 Timothée 6.3, PV) et que «cependant, les solides fondations posées par Dieu subsistent» (2 Timothée 2.19).

Jésus a conclu son sermon sur la montagne par une histoire illustrant cette vérité importante. Deux maisons avaient été construites sur des fondations différentes. La maison bâtie sur le sable fut détruite lorsque la pluie, les inondations et le vent la frappèrent. Mais la maison bâtie sur le rocher solide resta ferme. Il conclut: «C'est pourquoi, toute personne qui entend ces paroles que je dis et les met en pratique, je la comparerai à un homme prudent qui a construit sa maison sur le rocher» (Matthieu 7.24). La paraphrase anglaise (The Message) de ce verset nous montre l'importance de cette question: «Ces paroles que je vous dis ne sont pas des additions facultatives à votre vie . . . Ce sont des paroles fondamentales, des paroles sur lesquelles bâtir votre vie».

Je ne peux vous recommander plus chaleureusement ce cours. Il a transformé notre Église, notre personnel et la vie de milliers d'autres personnes. Pendant trop longtemps, trop de personnes ont pensé que la théologie était quelque chose qui ne concernait pas notre vie quotidienne, mais cette étude, *Fondements*, fait exploser cette idée préconçue. Elle montre clairement que ce que nous croyons est le fondement de ce que nous faisons et disons chaque jour de notre vie. Je suis très heureux que ce cours approfondi, capable de transformer des vies, soit maintenant accessible à tous.

— Rick Warren, auteur du livre *Une vie motivée par l'essentiel*

Rendez votre étude vivante!

Préparez-vous à quelque chose de radical, à une énonciation qui va certainement vous pousser à vous demander si nous n'avons pas perdu contact avec la réalité. *Il n'y a rien de plus passionnant que la doctrine!*

Suivez-nous un instant sur cette voie. La doctrine biblique est l'étude de ce que Dieu a déclaré. Ce que Dieu déclare est toujours la vérité. La vérité nous donne une perspective exacte de nous-même et du monde qui nous entoure. Cette juste perspective entraîne des décisions prises par la foi et l'expérimentation d'une véritable joie. C'est passionnant!

L'objectif de cette étude, *Fondements*, consiste à présenter les vérités fondamentales de la foi chrétienne d'une manière simple, systématique et transformatrice de vie. En d'autres termes, nous enseignons la doctrine. La question est: «Pourquoi?» Dans un monde où les gens ont des besoins vitaux, pourquoi enseigner la doctrine? Parce que la doctrine biblique répond à ces besoins vitaux! Ne pensez pas que nous ayons choisi entre un enseignement centré sur les besoins et un enseignement centré sur la doctrine. En réalité, les deux sont indispensables. Nous avons tous besoin de parler de nos inquiétudes et des soucis de la vie. Pour cela, une des clés est une bonne compréhension de la doctrine biblique concernant l'espérance divine. Les couples ont besoin de savoir ce que dit la Bible pour pouvoir construire un meilleur foyer. Ils ont également besoin d'une compréhension plus profonde de la paternité de Dieu, qui nous communique l'assurance de l'amour de Dieu et nous permet de bâtir des relations saines. Les parents ont besoin de connaître les principes bibliques concrets sur l'éducation des enfants. Ils ont également besoin de comprendre la souveraineté de Dieu. Elle implique la certitude du fait que Dieu se charge de tout et qu'il va les guider au travers les hauts et les bas inévitables de la parentalité. Les vérités bibliques répondent à nos besoins les plus profonds.

Bienvenue à cette étude qui aura un impact durable sur la façon dont vous considérez tout ce qui vous entoure, ce qui est au-dessus de vous et ce qui est en vous. En tant qu'auteurs de cette étude, notre but est de vous aider à développer un «point de vue chrétien sur le monde». Un point de vue chrétien sur le monde correspond à la capacité de tout voir au travers du filtre de la vérité divine. Le temps que vous allez consacrer à cette étude posera un fondement à de nouvelles perspectives dont le bénéfice sera extraordinaire pour le reste de votre vie. Cette étude vous aidera à:

- diminuer le stress de votre vie quotidienne;
- découvrir le potentiel de croissance que le Seigneur vous a donné;
- augmenter votre sentiment de sécurité dans un monde souvent incertain;
- trouver de nouveaux outils pour aider les autres (vos amis, votre famille, vos enfants) à découvrir une juste perspective de la vie;
- tomber encore plus amoureux(-se) du Seigneur.

Dans cette étude, vous distinguerez quatre types d'encadrés, destinés à vous aider à prendre connaissance des vérités que Dieu nous communique à son sujet, à notre sujet et au sujet du monde qui nous entoure.

- *Une parole à propos:* un des aspects de la doctrine qui déplaît aux gens, ce sont les termes «spécialisés». À travers cette étude, nous jetterons un nouveau regard sur ces termes, comme par exemple «omnipotent» et «souverain».
- *Zoom:* nous prendrons le temps de développer une vérité ou de la considérer sous un autre angle.
- *Perspective personnelle:* la vérité de la doctrine a toujours un profond impact dans notre vie. Dans cette section nous nous focaliserons sur cet impact personnel.
- *Agir selon la vérité:* Jacques 1.22 nous dit: «Mettez en pratique la parole et ne vous contentez pas de l'écouter en vous trompant vous-mêmes par de faux raisonnements.»

Cartes de mémorisation. Vous trouverez une carte de mémorisation pour chacune des onze vérités fondamentales de cette étude. Sur chacune d'entre elle, la doctrine est résumée d'un côté et de l'autre figure un verset-clé.

Questions à discuter. Vous trouverez des «Questions à discuter» à la fin de chaque étude.

Préparez-vous à que Dieu fasse des choses extraordinaires dans votre vie, alors que vous vous lancez dans l'aventure de l'étude approfondie du message le plus palpitant du monde: la vérité au sujet de Dieu!

—Tom Holladay et Kay Warren

Étude d'introduction

Objectifs qui transforment la vie

- Croire que la puissance de la vérité de Dieu peut changer votre vie.
- Anticiper avec foi les changements que l'étude des vérités bibliques produira en vous.

Développer une perspective chrétienne

Et voici ce que je demande dans mes prières: c'est que votre amour augmente de plus en plus en connaissance et en pleine intelligence pour que vous puissiez discerner ce qui est essentiel.

– Philippiens 1.9-10

Mais vous, mes chers amis, bâtissez votre vie sur le fondement de votre foi très sainte.

– Jude 20 (SEM)

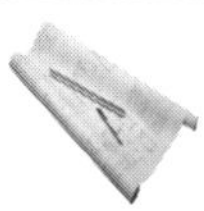

Une parole à propos

Qu'est-ce que la doctrine chrétienne?

- La doctrine chrétienne est une ____________________ de ce que la ____________________ au sujet des questions existentielles.
- Voici une définition pratique de la théologie: ____________________ ____________________.

Pourquoi étudier la doctrine?

Parce qu'apprendre la vérité sur Dieu va m'aider à ____________________.

Nous faisons preuve de cruauté envers nous-mêmes lorsque nous essayons de vivre dans ce monde sans chercher à connaître le Dieu à qui il appartient et qui le conduit. Le monde est un endroit étrange, absurde et douloureux... pour ceux qui ne connaissent pas Dieu.[1]

J. I. Packer

> En prêtant une oreille attentive à la sagesse et en inclinant ton coeur à l'intelligence, oui, si tu appelles la sagesse et si tu élèves ta voix vers l'intelligence, si tu la cherches comme l'argent, si tu la poursuis comme un trésor, alors tu comprendras ce qu'est la crainte de l'Éternel et tu trouveras la connaissance de Dieu.
>
> – Proverbes 2.2-5

> Connaître Dieu vous rendra sages;
> Connaître Dieu vous ouvrira les yeux;
> Connaître Dieu vous donnera de l'espérance;
> Connaître Dieu vous aidera à faire face à tout.
>
> – Kay Warren

Parce que cette connaissance est un ____________________

> C'est pourquoi, laissant les bases de l'enseignement relatif au Messie, tendons vers la maturité sans avoir à reposer le fondement du renoncement aux oeuvres mortes, de la foi en Dieu, de l'enseignement concernant les baptêmes et l'imposition des mains, de la résurrection des morts et du jugement éternel.
>
> – Hébreux 6.1-2

La vie sans fondement

> Ainsi nous parviendrons tous ensemble à l'unité dans la foi et dans la connaissance du Fils de Dieu, à l'état d'adultes, à un stade où se manifeste toute la plénitude qui nous vient du Christ. De cette manière, nous ne serons plus de petits enfants ballottés comme des barques par les vagues et emportés çà et là par le vent de toutes sortes d'enseignements, à la merci d'hommes habiles à entraîner les autres dans l'erreur.
>
> – Éphésiens 4.13-14 (SEM)

1. «...ballottés comme des barques par les vagues...»

   Sans la vérité, je suis vulnérable devant les ____________________.

2. «...emportés çà et là par le vent de toutes sortes d'enseignements...»

   Sans la vérité, je suis la victime des ________________________.

La vie avec un fondement

> C'est pourquoi, toute personne qui entend ces paroles que je dis et les met en pratique, je la comparerai à un homme prudent qui a construit sa maison sur le rocher. La pluie est tombée, les torrents sont venus, les vents ont soufflé et se sont déchaînés contre cette maison; elle ne s'est pas écroulée, parce qu'elle était fondée sur le rocher.
>
> – Matthieu 7.24-25

Parce que la doctrine nourrit mon âme

> En exposant cela aux frères et sœurs, tu seras un bon serviteur de Jésus-Christ, nourri des paroles de la foi et du bon enseignement que tu as fidèlement suivi.
>
> – 1 Timothée 4.6

Alors que vous devriez avec le temps être des enseignants, vous en êtes au point d'avoir besoin qu'on vous enseigne les éléments de base de la révélation de Dieu; vous en êtes arrivés à avoir besoin de lait et non d'une nourriture solide. Or celui qui en est au lait est inexpérimenté dans la parole de justice, car il est un petit enfant. Mais la nourriture solide est pour les adultes, pour ceux qui, en raison de leur expérience, ont le jugement exercé à discerner ce qui est bien et ce qui est mal.

- Hébreux 5.12-14

Et maintenant, frères, je vous confie à Dieu et au message de sa grâce, lui qui a le pouvoir d'édifier et de vous donner un héritage avec tous les saints.

- Actes 20.32

Parce que la connaissance de la vérité me permet de servir les autres

En exposant cela aux frères et soeurs, tu seras un bon serviteur de Jésus-Christ, nourri des paroles de la foi et du bon enseignement que tu as fidèlement suivi.

- 1 Timothée 4.6

Il doit être ... attaché à la parole digne de confiance telle qu'elle a été enseignée, afin d'être capable à la fois d'encourager les autres par la saine doctrine et de réfuter les contradicteurs.

- Tite 1.9

Parce que la connaissance de la vérité garde de l'erreur

Ainsi donc, tout comme vous avez accueilli le Seigneur Jésus-Christ, marchez en lui; soyez enracinés et fondés en lui, affermis dans la foi telle qu'elle vous a été enseignée, et soyez-en riches en exprimant votre reconnaissance à Dieu. Faites attention: que personne ne vous prenne au piège par la philosophie, par des tromperies sans fondement qui s'appuient sur la tradition des hommes, sur les principes élémentaires qui régissent le monde, et non sur Christ.

- Colossiens 2.6-8

Mais la nourriture solide est pour les adultes, pour ceux qui, en raison de leur expérience, ont le jugement exercé à discerner ce qui est bien et ce qui est mal.

- Hébreux 5.14

Comment nous et nos enfants pouvons-nous nous équiper afin de survivre dans une culture qui se désintègre? Par la ______________________ à laquelle on croit fermement, qui est clairement enseignée et vécue avec constance.

Parce que ma façon de penser détermine ___________________

Car il est comme les pensées de son âme.

- Proverbes 23.7 (NEG)

Parce que j'ai reçu l'ordre:

1. ______________________________________

> Efforce-toi de te présenter devant Dieu comme un homme qui a fait ses preuves, un ouvrier qui n'a pas à rougir mais qui expose avec droiture la parole de la vérité.
>
> - 2 Timothée 2.15

Connaître la vérité nous rend capable de mieux utiliser la vérité.

2. ______________________________

> Conduis-moi dans ta vérité et instruis-moi, car tu es le Dieu de mon salut: je m'attends à toi chaque jour.
>
> - Psaume 25.5

> J'ai été chargé d'amener ceux que Dieu a choisis à la foi et à la connaissance de la vérité qui est conforme à la piété.
>
> - Tite 1.1

3. ______________________________

> Respectez dans votre cœur la sainteté de Dieu le Seigneur. Soyez toujours prêts à défendre l'espérance qui est en vous, devant tous ceux qui vous en demandent raison, mais faites-le avec douceur et respect.
>
> - 1 Pierre 3.15

Avertissement: la connaissance seule peut être très dangereuse!

- **La connaissance doit être associée au ______________________.**

> Et voici ce que je demande dans mes prières: c'est que votre amour augmente de plus en plus en connaissance et en pleine intelligence pour que vous puissiez discerner ce qui est essentiel.
>
> - Philippiens 1.9-10

Signes distinctifs de la connaissance sans discernement: la connaissance reste théorique - une personne ou un groupe devient la source exclusive de cette connaissance.

- **La connaissance doit être associée à la ______________________.**

> Mais grandissez dans la grâce et dans la connaissance de notre Seigneur et Sauveur Jésus-Christ.
>
> - 2 Pierre 3.18

Signes distinctifs de la connaissance sans grâce: apprendre toujours plus de choses sur Dieu sans se rapprocher de lui - légalisme.

- **La connaissance doit être associée à l'______________________.**

> Si j'ai ... la compréhension de tous les mystères et toute la connaissance, ... mais que je n'ai pas l'amour, je ne suis rien.
>
> - 1 Corinthiens 13.2

> La connaissance rend orgueilleux, mais l'amour édifie.
>
> - 1 Corinthiens 8.1

Signes distinctifs de la connaissance sans amour: la connaissance peut engendrer de l'intolérance envers les autres - la croissance dans la connaissance peut entraîner une croissance dans l'orgueil.

Construire un fondement durable

Trois niveaux d'étude de la vérité

Voici un bref aperçu de ce que nous étudierons ensemble. Ce tableau vous montre les différents niveaux d'étude permettant de saisir une vérité. Être capable de citer une vérité ne signifie pas l'avoir pleinement saisie.

Pour assimiler une doctrine, je dois...	... l'apprendre (comprendre la vérité)	... l'aimer (changer ma perspective)	... la vivre (l'appliquer à ma vie)
La Bible	La Bible est le guide parfait de Dieu pour notre vie.	Je peux prendre la bonne décision.	Je vais consulter la Bible afin de me guider dans ma décision au sujet de ________________.
Dieu	Dieu est plus grand, meilleur et plus proche que je ne peux l'imaginer.	Le point plus important me concernant, c'est ce que je crois au sujet de Dieu.	Lorsque je considère la grandeur de Dieu, cela me montre combien ________________ ________________ a l'air petit.
Jésus	Jésus est Dieu se révélant lui-même à nous.	Dieu désire que je le connaisse mieux.	Je vais apprendre à connaître Jésus par un moment quotidien avec lui.
Le Saint-Esprit	Dieu vit en moi et à travers moi, maintenant.	Je suis le temple du Saint Esprit de Dieu.	Je vais traiter mon corps comme le temple qu'il est par ________________.
La création	Rien n'est survenu par hasard. Dieu a tout créé.	J'ai un objectif dans ce monde.	La raison pour laquelle j'existe c'est de ________________.
Le salut	La grâce est la seule manière d'avoir une relation avec Dieu.	Je suis l'objet de la grâce de Dieu.	Je vais arrêter de considérer ________________ ________________ comme une façon de gagner mon salut. Je le ferai simplement par appréciation pour la grâce de Dieu.
La sanctification	La foi est la seule façon de grandir en tant que chrétien.	Je grandis lorsque je me vois d'une nouvelle manière	Je vais passer plus de temps à écouter ce que la Parole de Dieu dit à mon sujet et moins de temps à écouter ce que le monde dit de moi.
Le bien et le mal	Dieu a permis le mal afin de nous donner un choix. Dieu peut faire ressortir du bien même des événements mauvais. Dieu a promis la victoire sur le mal à ceux qui le choisissent.	Toutes choses concourent au bien.	Je combats le mal lorsque je fais face ________________ ________________. Je surmonterai le mal par le bien en ________________ ________________.
La vie après la mort	Le ciel et l'enfer sont des lieux réels. «La mort est un début, pas une fin en soi.	Je peux faire face à la mort avec confiance.	Je vais avoir une attitude avec davantage d'espérance envers ________________ ________________.
L'Église	La seule « superpuissance» mondiale est l'Église.	Le meilleur endroit pour investir ma vie c'est dans l'Église de Dieu.	J'ai besoin d'approfondir mon engagement envers l'Église en ________________ ________________.
Le retour de Christ	Jésus va revenir pour juger ce monde et pour rassembler les enfants de Dieu.	Je veux vivre dans l'attente de son retour.	Quelqu'un que je peux encourager par l'espérance de son retour: ________________

Questions à discuter

1. Puisque c'est la première fois que vous vous retrouvez ensemble, prenez quelques minutes pour faire connaissance les uns avec les autres. Indiquez votre nom, votre lieu de naissance et une des raisons qui vous a décidé à participer à cette étude.

2. Quand avez-vous éprouvé pour la première fois le besoin de comprendre la vérité sur la Bible? Mentionnez une occasion où la connaissance d'une vérité vous a sauvé la vie. Comment la vérité au sujet de Dieu et de la foi:
   - vous a-t-elle aidé à approfondir votre relation avec Dieu?
   - vous a-t-elle empêché de commettre une terrible erreur?
   - vous a-t-elle rendu capable de mieux servir Dieu et les autres?
   - vous a-t-elle encouragé à une période de confusion ou de tentation?
   - a-t-elle donné un nouveau sens de liberté à votre vie?

3. Si la doctrine est tellement importante, pourquoi pensez-vous que tant de gens semblent avoir une attitude négative à l'égard de son enseignement? Pourquoi les gens perçoivent-ils souvent la doctrine comme quelque chose d'ardu et de rébarbatif ou de hautain et rigide?

4. Discutez de ce que vous pouvez faire afin que votre connaissance n'entraîne pas un déséquilibre. Ne mentionnez pas simplement ce que les autres devraient faire, mais de ce que vous pouvez faire. Notez deux ou trois choses en particulier qui pourraient vous aider, vous et votre groupe à maintenir l'équilibre entre la connaissance et l'amour, la grâce et le discernement.

Réponses

synthèse organisée
Bible enseigne
la foi qui cherche à comprendre
mieux connaître Dieu
fondement essentiel
circonstances
faux enseignements
vérité
ma façon d'agir
d'étudier la vérité
de vivre la vérité
de défendre la vérité
discernement
grâce
amour

La Bible

1ère partie

Objectif qui transforme la vie

Approfondir (ou forger) votre conviction que la Bible, Parole de Dieu, est digne de confiance, au-delà de vos sentiments, vos valeurs, vos opinions et votre culture.

Trois termes importants, leurs définitions et leurs implications

Révélation

La révélation signifie que Dieu a choisi de nous révéler sa nature et sa volonté au travers de la Bible. La Bible a été écrite car Dieu souhaitait nous révéler qui il est et qui il veut que nous soyons. C'est uniquement parce que Dieu a désiré se révéler à nous que nous pouvons apprendre à le connaître.

> Ainsi, je manifesterai ma grandeur et ma sainteté et je me ferai connaître aux yeux de beaucoup de nations. Elles reconnaîtront alors que je suis l'Éternel.
>
> – Ézéchiel 38.23

Inspiration

L'inspiration est le processus par lequel Dieu nous a transmis la Bible. Dieu a travaillé dans le cœur d'auteurs, les inspirant avec ses paroles. Les paroles de Dieu retranscrites au travers de ces personnes sont parfaites, infaillibles et dignes de confiance.

> Toute l'Ecriture est inspirée de Dieu et utile pour enseigner, pour convaincre, pour corriger, pour instruire dans la justice.
>
> – 2 Timothée 3.16

Illumination

L'illumination est le travail du Saint-Esprit qui éclaire les paroles de la Bible lorsque nous les lisons. L'illumination est le moyen par lequel nous comprenons la Bible.

> Alors il leur ouvrit l'intelligence afin qu'ils comprennent les Écritures.
>
> – Luc 24.45

Dans l'étude suivante, nous nous concentrerons sur le thème de l'illumination. Nous allons maintenant aborder trois questions importantes en rapport avec la révélation et l'inspiration de la Parole de Dieu:

Comment savons-nous que la Bible vient de Dieu?

Premièrement: des preuves externes nous indiquent que la Bible est un livre historique.

- Le nombre de copies de manuscrits et le court laps de temps écoulé entre la rédaction des manuscrits originaux et celle des plus anciennes copies du Nouveau Testament dont nous disposons

  > Pour le Nouveau Testament, les preuves sont impressionnantes. Il existe 5'366 manuscrits datant du deuxième ou troisième siècle que nous pouvons comparer et desquels nous pouvons extraire des informations. Pour mettre cela en perspective, il n'existe que 643 copies de l'*Iliade* d'Homère, le livre le plus notoire de la Grèce antique! Personne ne doute de l'existence de la Guerre des Gaules, mais il n'en existe que 10 copies et les plus anciennes datent de 1'000 ans après leur rédaction. Avoir une telle abondance de copies du Nouveau Testament datant de 70 ans après leur rédaction est extraordinaire.[1]
  >
  > - Norman Geisler

  Pourquoi Dieu n'a-t-il pas fait en sorte que nous puissions disposer des originaux plutôt que de dépendre d'un certain nombre de copies? Une éventualité: nous aurions eu tendance à idolâtrer les documents anciens plutôt que d'entrer en communion avec sa Parole vivante au travers de leur lecture.

- Le soin extrême avec lequel les Écritures ont été recopiées
- Confirmation des lieux et dates par l'archéologie

  > Les découvertes successives ont établi l'exactitude de détails innombrables et ont engendré une reconnaissance croissante de la valeur de la Bible en tant que source historique.[2]
  >
  > - William F. Albright

Deuxièmement: des preuves internes nous indiquent que la Bible est un livre unique.

- La majeure partie de la Bible est un compte-rendu de témoins oculaires

- L'accord et l'uniformité au fil de la Bible

  La Bible a été écrite sur une période de plus de 1'500 ans, à différents endroits, de Babylone jusqu'à Rome. Les auteurs comptent 40 personnes aux niveaux de vie différents : rois, paysans, poètes, bergers, pêcheurs, savants, fermiers, prêtres, pasteurs, faiseurs de tente et gouverneurs. Elle a été rédigée dans des déserts, des forteresses, des palais et des prisons, sur des îles isolées et pendant des combats militaires. Cependant, tous parlent avec le même accord et la même fiabilité de centaines de sujets controversés. Ils nous racontent une seule histoire, du début à la fin, celle du salut de l'homme au travers de Jésus-Christ. AUCUN ÊTRE HUMAIN n'aurait pu concevoir ou rédiger de façon vraisemblable une telle œuvre! [3]

  - Josh McDowell

Zoom

Quelle est la différence?

La Bible a été traduite d'après 24'000 copies pour le Nouveau Testament seul, de nombreuses personnes affirmant avoir elles-mêmes vu certains des originaux. Ces copies ont été traduites par des milliers d'érudits.	**Le livre de Mormon** a été traduit d'après ce qui a été vu (et traduit) par un seul homme : Joseph Smith (qui n'était pas un expert en linguistique). Cet original a depuis été « repris ». Il n'y a aucune copie de cet original.
La Bible a été écrite par plus de quarante auteurs différents, originaires de trois continents, sur cinquante générations. Elle parle d'un même accord de tous les sujets concernant la foi et la doctrine.	**Le Coran** est l'écrit et le compte-rendu d'un seul homme, Mahomet, à un endroit, à un moment donné de l'histoire. Il diffère en de nombreux points avec les rapports historiques de l'Ancien et du Nouveau Testament.
La Bible donne la solution distinctive offerte par Dieu au problème humain concernant le péché et se focalise sur l'œuvre de Dieu dans l'histoire actuelle vérifiable.	**Les écrits hindous** affirment que toutes les routes conduisent au même endroit et se concentrent sur l'histoire des choses qui se sont produites dans les «domaines célestes».

Troisièmement: des preuves personnelles nous indiquent que la Bible est un livre puissant.

La Bible est un best-seller mondial. La plupart des gens savent que ce fut le premier ouvrage important imprimé sur une presse (la presse de Gutenberg). La Bible, en tout ou partie, a été traduite en plus de 1'300 langues.

Des millions de vies ont été changées au travers de la vérité que contient la Bible!

Souvenez-vous, le témoignage personnel est une des quatre preuves que la Bible est le livre de Dieu.

– notre témoignage

9.

Quatrièmement: Jésus ***a dit que la Bible venait de Dieu.***

1. Jésus a reconnu l'Esprit comme étant l'auteur.

   Jésus leur dit: «Comment donc David, animé par l'Esprit, peut-il l'appeler Seigneur lorsqu'il dit: Le Seigneur a dit à mon Seigneur: 'Assieds-toi à ma droite jusqu'à ce que j'aie fait de tes ennemis ton marchepied'?»

   – Matthieu 22 .43-44

2. Jésus a cité la Bible comme ayant autorité.

   Jésus leur répondit: «Vous êtes dans l'erreur parce que vous ne connaissez ni les Écritures, ni la puissance de Dieu.»

   – Matthieu 22.29

   Il répondit: «Heureux plutôt ceux qui écoutent la parole de Dieu et qui la gardent!»

   – Luc 11.28

3. Jésus a proclamé son caractère unique.

   En effet, je vous le dis en vérité, tant que le ciel et la terre n'auront pas disparu, pas une seule lettre ni un seul trait de lettre ne disparaîtra de la loi avant que tout ne soit arrivé.

   – Matthieu 5.18

   L'Ecriture ne peut pas être annulée.

   – Jean 10.35

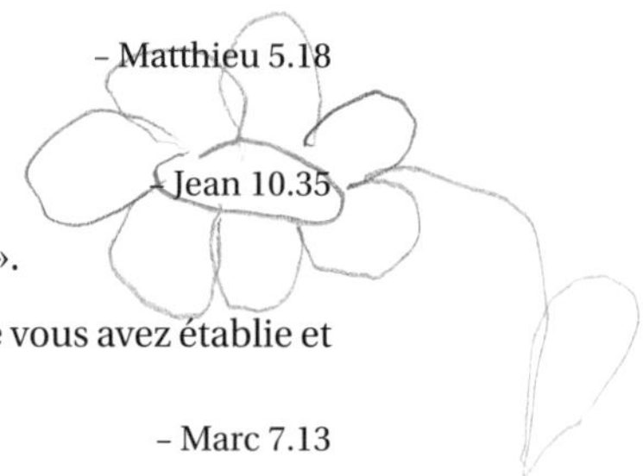

4. Jésus l'a appelée la «parole de Dieu».

   Vous annulez ainsi la parole de Dieu par la tradition que vous avez établie et vous faites beaucoup d'autres choses semblables.

   – Marc 7.13

5. Jésus savait que les gens et les lieux mentionnés dans la Bible étaient réels.

   - Il croyait aux prophètes (Mt 22.40; 24.15).
   - Il croyait à l'existence de Noé (Lc 17.26).
   - Il croyait à l'existence de l'homme Adam et la femme Eve (Mt 19.4).
   - Il croyait à l'existence de Sodome et Gomorrhe (Mt 10.15).
   - Il croyait à l'existence de Jonas (Mt 12.40).

Comment savons-nous que nous disposons des livres authentiques?

Le témoignage de la bible

- Jésus a reconnu le canon de l'Ancien Testament. Le mot canon se réfère à la liste complète des livres qui sont acceptés comme formant les Écritures.

> Puis il leur dit: «C'est ce que je vous disais lorsque j'étais encore avec vous: il fallait que s'accomplisse tout ce qui est écrit à mon sujet dans la loi de Moïse, dans les prophètes et dans les psaumes.»
>
> – Luc 24.44

- Pierre a reconnu une partie du Nouveau Testament comme faisant partie du canon.

> C'est ce que Paul fait dans toutes les lettres où il parle de ces choses; il s'y trouve certes des points difficiles à comprendre, et les personnes ignorantes et mal affermies en tordent le sens, comme elles le font des autres Écritures, pour leur propre ruine.
>
> – 2 Pierre 3.16

- Paul a reconnu l'__________ d'inspiration de l'Ancien et du Nouveau Testament dans un seul verset.

> En effet, l'Écriture dit: «Tu ne mettras pas de muselière au boeuf quand il foule le grain» et: «L'ouvrier mérite son salaire. »
>
> – 1 Timothée 5.18

C'est un verset extraordinaire. Dans ce verset, Paul cite Deutéronome 25.4 de l'Ancien Testament et Luc 10.7 du Nouveau Testament, et se réfère aux deux comme faisant partie des Écritures!

L'histoire de l'Église

Les livres ont été inclus dans le Nouveau Testament sur la base de trois éléments:

1. L'autorité d'un __________

   Le Nouveau Testament bénéficie de l'autorité des témoins oculaires. Prenez les auteurs des Évangiles, par exemple. Matthieu était un apôtre, Marc a mis par écrit les souvenirs de Pierre, Luc était un ami de Paul (il a enquêté auprès de témoins oculaires) et Jean était un apôtre.

2. L'enseignement de la __________
3. La confirmation de __________

   Beaucoup de gens pensent que les livres du Nouveau Testament ont été choisis par un conseil constitué de quelques personnes. C'est inexact. Un conseil a effectivement reconnu les livres du Nouveau Testament (aux environs de 400 apr. J.-C.), mais cela a eu lieu après que l'Église ait utilisé ces livres pendant 300 ans. Ce conseil a formellement reconnu ces livres en réponse aux faux enseignants qui essayaient d'ajouter des livres à la Bible.

La puissance de Dieu

> L'herbe sèche et la fleur tombe, mais la parole de notre Dieu subsiste éternellement.
>
> – Ésaïe 40.8

L'assurance que nous avons de détenir les bons livres est une question de foi. Dieu n'aurait pas permis qu'une seule partie de ce qui devait demeurer éternellement soit laissée de côté.

Lorsque nous disons que la Bible est inspirée, qu'est-ce que cela signifie?

Une parole à propos

Inspiration

Le terme «inspiration» ne signifie pas simplement que l'auteur éprouvait le même enthousiasme qu'Haendel en composant «Le Messie». Cela ne signifie pas non plus que les écrits soient uniquement inspirés comme peut l'être un poème émouvant. C'est un processus par lequel les auteurs et les écrits se trouvent sous le contrôle de Dieu. Cela implique que ces écrits sont le message même de Dieu.[4]

– Norman Geisler

L'inspiration signifie que Dieu a écrit la Bible à travers des individus.

Car ce n'est jamais par une volonté d'homme qu'une prophétie a été apportée, mais c'est poussés par le Saint-Esprit que des hommes ont parlé de la part de Dieu.

– 2 Pierre 1.21

L'inspiration signifie que le Saint-Esprit en est l' auteur.

Il fallait que s'accomplisse l'Écriture, ce que le Saint-Esprit avait annoncé d'avance par la bouche de David. . .

– Actes 1.16

C'est avec raison que le Saint-Esprit a dit à nos ancêtres par l'intermédiaire du prophète Ésaïe. . .

– Actes 28.25

Alors l'Esprit de l'Éternel est tombé sur moi et m'a dit: «Annonce. . .

– Ézéchiel 11.5

Deux notions importantes à comprendre:

Inspiration verbale: Dieu a inspiré les mots, et non seulement les idées (Mt 5.18; 22.43-44 – Jésus a basé son argument sur le seul mot «Seigneur»).

Inspiration plénière: Dieu a inspiré toute la Bible, pas seulement une partie (2 Tm 3.16).

Les voies de Dieu sont parfaites, la parole de l'Éternel est pure; il est un bouclier pour tous ceux qui se confient en lui.

– Psaume 18.31

Si vous croyez à qui vous plaît dans l'Evangile et que vous rejetez ce que vous n'aimez pas, ce n'est pas en l'Evangile que vous croyez, c'est en vous-même.

– Saint Augustin

L'inspiration signifie que la Parole de Dieu doit être notre autorité (générale) suprême.

Comment le jeune homme rendra-t-il pur son sentier? En se conformant à ta parole.

– Psaume 119.9

Car la parole de l'Éternel est droite et toute son oeuvre s'accomplit avec fidélité!

– Psaume 33.4

- Comprendre l'inspiration renforce ma confiance en la Bible.
- La vérité concernant l'inspiration, c'est que je peux croire en sa Parole plus qu'en mes sentiments, mes valeures, mes opinions et ma culture.

Chaque fois qu'il y a un conflit entre ce que dit la Bible et ce que je ressens ou ce que l'on m'a enseigné, les opinions des autres ou ce qui me semble raisonnable ; chaque fois que j'ai une opinion différente de celle de la Bible pour n'importe quelle raison, c'est toujours la Bible qui a raison!

Agir selon la vérité

Comment devons-nous répondre?

La Bible nous révèle Dieu. Comment devons-nous répondre à ce livre?

- Avec une crainte respectueuse (Ps. 119: 120)
- Avec plaisir (Ps 1.2)
- Avec appréciation (Ps 119.72)
- Avec des louanges (Ps 119.62)
- Avec joie (Ps 119.111)
- Avec amour (Ps 119.47, 97)
- Avec obéissance (Dt 5.32; Jc 1.22; Jn 14.15)

Utilisez les versets ci-dessus lors de votre temps personnel avec le Seigneur, avant la session suivante. Prenez quelques instants, non seulement pour les lire, mais aussi pour mettre en pratique les exhortations qu'ils contiennent. Il est étonnant de constater de quelle manière notre foi en Dieu augmente lorsque nous disons tout simplement à Dieu combien nous estimons sa Parole.

Commencez d'apprendre la carte de mémorisation n°1
«La vérité au sujet la Bible».

Questions à discuter

1. Prenez un moment pour faire mieux connaissance les uns avec les autres en donnant les informations suivantes sur votre vie personnelle.

   L'histoire de ma vie

   L'endroit où je suis né:

   Mon sujet préféré en classe de terminale:

   L'une de mes émissions de télévision préférées lorsque j'étais jeune:

   Le modèle et l'année de la première voiture que j'ai possédée:

   Mon premier travail:

   Mes bonbons préférés lorsque j'étais enfant:

2. Avez-vous un verset, un passage ou un livre préféré dans la Bible? Lequel et pourquoi?
3. Racontez une anecdote montrant que la Bible a eu un impact sur votre vie.
4. Quelle différence cela fait-il que les Évangiles - ou les autres livres de la Bible - soient historiquement authentiques?
5. Au cours de votre lecture de la Bible, quelles preuves avez-vous relevées, indiquant que la Bible est à la fois extraordinaire et unique?
6. Donnez quelques exemples de vos difficultés concernant:
   - croire en la Parole de Dieu plutôt qu'en vos sentiments;
   - croire en la Parole de Dieu plutôt qu'aux valeurs qui vous ont été inculquées pendant votre enfance;
   - croire en la Parole de Dieu plutôt qu'en vos opinions;
   - croire en la Parole de Dieu plutôt qu'en votre culture.
7. En quoi cette étude vous a-t-elle aidé à comprendre que la conviction que la Bible est la Parole de Dieu est plus importante qu'un simple sentiment à ce sujet? Quelles sont pour vous les vérités les plus convaincantes que nous avons examinées, concernant les merveilles et la fiabilité de la Bible?

Réponses

Jésus	apôtre
auteur	vérité
ayant autorité	Église
Parole de Dieu	foi
prophètes	individus
Noé	auteur
Adam, Ève	mot
Sodome, Gomorrhe	toute
Jonas	autorité suprême
Bible	confiance
égalité	sentiments, valeurs, opinions, culture

La Bible

2e partie

Objectif qui transforme la vie

Acquérir une confiance profonde et durable dans la capacité que Dieu nous donne de comprendre la Bible.

Vous vous souvenez des trois mots: révélation, inspiration et illumination?

- La révélation a eu lieu (Hé 1.1-2).
- L'inspiration a eu lieu (1P 1.10-12).
- L'illumination est en cours en ce moment même.

> Oui, tu fais briller ma lumière. L'Eternel, mon Dieu, éclaire mes ténèbres.
>
> – Psaume 18.29

> Ta parole est une lampe à mes pieds et une lumière sur mon sentier.
>
> – Psaume 119.105

Une parole à propos

Inspiration

L'illumination est l'influence surnaturelle de l'œuvre du Saint-Esprit qui permet à tous ceux qui croient en Christ de comprendre les Écritures.

Vous pouvez vous la représenter de la manière suivante: par le moyen de sa révélation et de son inspiration, Dieu envoie la lumière de sa Parole dans notre monde. Grâce à l'illumination, les œillères sont enlevées de nos yeux, afin que nous puissions voir la lumière qui est déjà là.

Quatre choses sont nécessaires afin que l'illumination ait lieu dans la vie d'un chrétien:

Aimer profondément la Parole de Dieu

Combien j'aime ta loi! Je la médite toute la journée.

– Psaume 119.97

Voilà pourquoi j'aime tes commandements plus que l'or, plus que l'or fin.

– Psaume 119.127

Oui, si tu appelles la sagesse et si tu élèves ta voix vers l'intelligence, si tu la cherches comme l'argent, si tu la poursuis comme un trésor, alors tu comprendras ce qu'est la crainte de l'Eternel et tu trouveras la connaissance de Dieu. En effet, c'est l'Eternel qui donne la sagesse, c'est de sa bouche que sortent la connaissance et l'intelligence.

– Proverbes 2.3-6

Comment la Bible illustre-t-elle son potentiel de transformation dans notre vie?

1. Une semence

En effet, vous êtes nés de nouveau, non pas d'une semence corruptible, mais d'une semence incorruptible, grâce à la parole vivante et permanente de Dieu.

– 1 Pierre 1.23

2. Une épée

Faites aussi bon accueil au casque du salut et à l'épée de l'Esprit, c'est-à-dire la parole de Dieu.

– Éphésiens 6.17

En effet, la parole de Dieu est vivante et efficace, plus tranchante que toute épée à deux tranchants, pénétrante jusqu'à séparer âme et esprit, jointures et moelles; elle juge les sentiments et les pensées du coeur.

– Hébreux 4.12

Dans l'épître aux Éphésiens, l'épée est un instrument de défense contre l'ennemi entre nos mains. Dans l'épître aux Hébreux, l'épée est entre les mains de Dieu, pénétrant et portant un impact profond sur notre vie.

3. Une nourriture

Tes paroles se sont présentées à moi, et je les ai dévorées. Ta parole a provoqué mon allégresse, elle a fait la joie de mon cœur, car je suis appelé de ton nom, Éternel, Dieu de l'univers.

– Jérémie 15.16

Jésus répondit: «Il est écrit: L'homme ne vivra pas de pain seulement, mais de toute parole qui sort de la bouche de Dieu.»

– Matthieu 4.4

Comme des enfants nouveau-nés désirez le lait pur de la parole. Ainsi, grâce à lui vous grandirez pour le salut.

– 1 Pierre 2.2

4. Un feu et un marteau

    Ma parole n'est-elle pas comme un feu, déclare l'Eternel, comme un marteau qui pulvérise la roche?

5. Un miroir

    En effet, si quelqu'un écoute la parole et ne la met pas en pratique, il ressemble à un homme qui regarde son visage dans un miroir et qui, après s'être observé, s'en va et oublie aussitôt comment il était. Mais celui qui a plongé les regards dans la loi parfaite, la loi de la liberté, et qui a persévéré, celui qui n'a pas oublié ce qu'il a entendu mais qui se met au travail, celui-là sera heureux dans son activité.

    – Jacques 1.23-25

Comprendre spirituellement la Parole de Dieu

Deux vérités concernant chaque croyant en Christ:

1. C'est le Saint-Esprit qui me rend capable de comprendre la Bible.

    Or nous, nous n'avons pas reçu l'esprit du monde, mais l'Esprit qui vient de Dieu, afin de connaître les bienfaits que Dieu nous a donnés par sa grâce. Et nous en parlons non avec les paroles qu'enseigne la sagesse humaine, mais avec celles qu'enseigne l'Esprit saint. Ainsi nous employons un langage spirituel pour exprimer ce qui est spirituel. Mais l'homme naturel n'accepte pas ce qui vient de l'Esprit de Dieu, car c'est une folie pour lui; il est même incapable de le comprendre, parce que c'est spirituellement qu'on en juge. L'homme dirigé par l'Esprit, au contraire, juge de tout et n'est lui-même jugé par personne.

    – 1 Corinthiens 2.12-15

    Quand le défenseur sera venu, l'Esprit de la vérité, il vous conduira dans toute la vérité.

    – Jean 16.13

2. C'est le Saint-Esprit qui me tient responsable de comprendre la Bible.

    Quant à vous, vous avez l'onction donnée par celui qui est saint et vous avez toute connaissance.... Quant à vous, l'onction que vous avez reçue de Christ demeure en vous et vous n'avez pas besoin qu'on vous enseigne. Au contraire, puisque la même onction vous enseigne sur toute chose, qu'elle est véridique et dépourvue de mensonge, vous demeurerez en lui comme elle vous l'a appris.

    – 1 Jean 2.20, 27

Nous en tenir à la précision puissance de la Parole de Dieu

Efforce-toi de te présenter devant Dieu comme un homme qui a fait ses preuves, un ouvrier qui n'a pas à rougir mais qui expose avec droiture la parole de la vérité.

– 2 Timothée 2.15

Sept règles pour l'étude de la Bible

Règle n°1: la foi et le Saint-Esprit sont nécessaires à une interprétation correcte.

Règle n°2: la Bible s'interprète elle-même.

Mise en pratique: apprenez à faire des études de passages parallèles.

Règle n°3: comprendre l'Ancien Testament à la lumière du New Testament (NT).

Exemple: la Loi de l'Ancien Testament

Règle n°4: comprendre les passages obscurs à la lumière des passages clairs.

Exemple: «Si les morts ne ressuscitent en aucun cas, pourquoi se font-ils baptiser pour eux?» (1 Corinthiens 15.29).

Règle n°5: comprendre les mots et les versets à la lumière de leur contexte.

Exemple: «Mon âme, tu as beaucoup de biens en réserve pour de nombreuses années; repose-toi, mange, bois et réjouis-toi» (Luc 12.19).

Règle n°6: comprendre les passages historiques à la lumière des passages doctrinaux.

Exemple:

«Que le roi n'ait pas un grand nombre de femmes, afin que son cœur ne se détourne pas de l'Eternel, et qu'il n'accumule pas l'argent et l'or» (Deutéronome 17.17).

«Vers le matin, alors qu'il faisait encore très sombre, il se leva et sortit pour aller dans un endroit désert où il pria» (Marc 1.35).

Règle n°7: comprendre nos expériences personnelles à la lumière des Écritures.

Exemple: «Ne devez rien à personne» (Romains 13.8).

célibat → Dieu a dit?

Étudier la Parole de Dieu ac Application

Comment faire pour que la décision d'étudier la Parole de Dieu soit l'engagement de toute une vie?

1. Prenez l'engagement devant le Seigneur de croire à la vérité de sa Parole et de vous engager envers elle.

   Occupe-toi de ces choses, donne-toi tout entier à elles, afin que tes progrès soient évidents pour tous. Veille sur toi-même et sur ton enseignement. Mets-y de la persévérance, car en agissant ainsi, tu te sauveras toi-même ainsi que ceux qui t'écoutent.

   – 1 Timothée 4.15-16

2. Cultivez votre ferveur en examinant la Parole de Dieu pour y trouver des réponses.

   Ils [les habitants de Bérée] accueillirent la parole avec beaucoup d'empressement, et ils examinaient chaque jour les Écritures pour voir si ce qu'on leur disait était exact.

   – Actes 17.11

3. Faites part aux autres de ce que vous avez appris de la Parole de Dieu.

   Que la parole de Christ habite en vous dans toute sa richesse! Instruisez-vous et avertissez-vous les uns les autres en toute sagesse.

   – Colossiens 3.16

4. *Agissez* d'après ce que vous apprenez lorsque vous étudiez la Bible.

   Mettez en pratique la parole et ne vous contentez pas de l'écouter en vous trompant vous-mêmes par de faux raisonnements.

   – Jacques 1.22

Terminez d'apprendre la carte de mémorisation n°1 «La vérité au sujet de la Bible».

Questions à discuter

1. Racontez une expérience qui vous a prouvé que vous aimez réellement la Bible. Quel genre d'expériences vous conduisent à ressentir cela? À quels moments ressentez-vous le plus la vérité selon laquelle la Bible est un trésor?
2. Discutez ensemble de vos réponses aux phrases suivantes:
   La Bible a été comme une semence pour moi, lorsque...
   La Bible a été comme une épée pour moi, lorsque...
   La Bible a été de la nourriture pour moi, lorsque...
   La Bible a été comme un marteau pour moi, lorsque...
   La Bible a été comme un feu pour moi, lorsque...
   La Bible a été comme un miroir pour moi, lorsque...
3. Le Saint-Esprit nous donne de comprendre la Parole de Dieu individuellement. Jean dit que nous n'avons pas «besoin que quiconque nous enseigne». Cependant, le Nouveau Testament nous parle, et nous demande même d'honorer, les dons des enseignants et des prédicateurs. Pourquoi avons-nous besoin d'enseignants? Comment ces deux vérités se concilient-elles?
4. Parmi les sept règles d'étude biblique, laquelle pensez-vous que les chrétiens déforment ou enfreignent le plus souvent? Comment garder à l'esprit la nécessité de manier la Bible avec précision?

Pour aller plus loin

H.L. Wilmington, *Le grand guide de la Bible,* Éditions Clé, 2004.

David & Pat Alexander, *La nouvelle Bible déchiffrée,* Ligue pour la lecture de la Bible, 2003.

Henrietta Mears, *Panorama de l'Ancien Testament,* Éditions Vida, 1988.

Henrietta Mears, *Panorama du Nouveau Testament,* Éditions Vida, 1982.

Mary Batchelor, *Pleins feux sur la Bible,* Éditions Excelsis, 1997.

Rick Warren, *Méthodes d'étude biblique personnelle,* La Maison de la Bible, 2009.

F.F. Bruce, *Les documents du Nouveau Testament - Peut-on s'y fier?,* Editions Impact, 2008.

Réponses

profondément	précision
une semence	Nouveau Testament
une nourriture	clairs
spirituellement	contexte
capable	doctrinaux
responsable	avec application

Dieu

1ère partie

Objectifs qui transforment la vie

- Comprendre profondément l'amour de Dieu en tant que Père.
- Se comporter différemment parce que Dieu est notre Père.

> Ce qui nous vient à l'esprit lorsque nous pensons à Dieu est la chose la plus importante à notre sujet.[1]
>
> — A. W. Tozer

> Qu'y a-t-il d'étrange à ce que tu ne comprennes pas? Si tu comprends, ce n'est pas Dieu.
>
> — Saint Augustin

Alors que nous considérons l'existence de Dieu, nous devons garder à l'esprit trois vérités-clés:

1. Dieu est réel
2. Dieu s'est révélé
3. Dieu a établi des relations

Dieu est réel

Dieu n'est pas un personnage de légende ou de conte de fée. Il est aussi réel que nous.

Comment savons-nous que Dieu existe?

1. Nous voyons la ________________________ de Dieu au travers de ce qu'il a créé (Gn 1.1; Rm 1.19-20; Ac 14.16-17).

> Le ciel raconte la gloire de Dieu et l'étendue révèle l'œuvre de ses mains. Le jour en instruit un autre jour, la nuit en donne connaissance à une autre nuit.
>
> — Psaume 19.2-3

2. Nous voyons l'_______________ de Dieu dans l'histoire de l'humanité.

   Il [Dieu] a fait en sorte que tous les peuples, issus d'un seul homme, habitent sur toute la surface de la terre, et il a déterminé la durée des temps et les limites de leur lieu d'habitation. Il a voulu qu'ils cherchent le Seigneur et qu'ils s'efforcent de le trouver en tâtonnant, bien qu'il ne soit pas loin de chacun de nous.

   – Actes 17.26-27

3. Nous constatons les _______________ de Dieu dans notre vie.

   Lisez l'histoire d'Élie et de son combat avec les faux prophètes sur le Mont Carmel, dans 1 Rois 18.24-39.

Zoom

À quoi Dieu ressemble-t-il?

La Bible nous dit qu'en fait, personne n'a jamais vu Dieu (Jn 1.18). Dieu est Esprit (Ps 139.7-12 ; Jn 4.24); Dieu est invisible (Jn 1.18; Col 1.15; Hé 11.27). Nous présumons naturellement, lorsque nous entendons que nous avons tous été créés «à son image», que Dieu doit nous ressembler quelque peu, avec deux bras et deux jambes. Quelle pensée effrayante! Dieu, qui remplit cet univers, ne peut de toute évidence pas ressembler à un homme. Lorsque la Bible parle de Dieu ayant «un bras puissant» ou qui nous «couvre de ses ailes», ce ne sont pas des descriptions littérales mais des images grâce auxquelles Dieu dialogue avec nous.

Dieu s'est révélé

Nous n'avons pas découvert Dieu, il s'est ______________________________ à nous (Gn 35.7; Ps 98.2).

1. Dieu se révèle à nous au travers de ______________________.

   En effet, les perfections invisibles de Dieu, sa puissance éternelle et sa divinité, se voient depuis la création du monde, elles se comprennent par ce qu'il a fait. Ils sont donc inexcusables.

   – Romains 1.20

2. Dieu se révèle à nous au travers de ______________________.

   Vous devez comprendre avant tout, qu'aucune prophétie de l'Ecriture n'est jamais venue des prophètes eux-mêmes ni parce qu'ils voulaient prophétiser Ce fut le Saint-Esprit qui a poussé les prophètes à parler de la part de Dieu.

   – 2 Pierre 1.20-21

3. Dieu se révèle à nous au travers de _______________.

   Personne n'a jamais vu Dieu; Dieu le Fils unique, qui est dans l'intimité du Père, est celui qui l'a fait connaître.

   – Jean 1.18

Jésus est venu pour nous donner de l'intelligence pour connaître le vrai Dieu (1Jn 5.20). Jésus a choisi de nous révéler le Père (Mt 11.27). Dieu nous a parlé de bien des manières, mais dans ces jours qui sont les derniers, il nous a parlé par le Fils (Hé 1.1-2).

Un sondage de l'institut Gallup montre que 96% des Américains croient que Dieu existe. Pour la plupart d'entre eux, l'existence de Dieu n'est pas une question. La véritable question est: «Quel genre de Dieu est-ce? Que nous révèle Jésus à propos de Dieu?»

Dieu a établi des relations

Examinons quelques opinions populaires concernant le «Dieu qui vit au ciel» et voyons ce que la Bible nous dit au sujet du vrai Dieu.

La vérité au sujet de Dieu

Opinion populaire: Dieu est lointain.

La vérité: Dieu est ________________ (Ps 139.7-12 ; Jc 4.8).

Opinion populaire: Dieu observe nos actions de très loin.

La vérité: Dieu est intimement engagé par rapport à ________________ ________________ de notre vie (Mt 6.25-30; Lc 12.6-7).

Opinion populaire: Dieu attend avec impatience de juger ceux qui font le mal.

La vérité: Dieu veut ________________ tous ceux qui le lui demandent (Jn 3.17).

Opinion populaire: soit Dieu est impuissant face au mal qui règne dans le monde, soit il y est indifférent.

La vérité: Dieu permet à ce monde mauvais de continuer à exister afin que davantage de personnes puissent être sauvées (2P 3.8-9).

Une parole à propos

Quatre termes théologiques nous fournissent un arrière plan aux affirmations que nous venons de couvrir sur la véritable personne de Dieu.

1. L'immanence de Dieu: Dieu est extrêmement proche de chacun de nous. La présence de Dieu ne se situe pas par-delà de l'étoile la plus lointaine; il est aussi proche de nous que notre respiration. Il ne se contente pas de nous observer: il est avec nous.
2. L'omniprésence de Dieu: Dieu est partout (omni = tout + présent). Sa présence remplit l'univers: il est partout à la fois.
3. L'omniscience de Dieu: Dieu sait tout (omni = toute + science = connaissance). Il connaît toutes choses, celles qui se sont produites, qui sont en train de se produire et qui se produiront. Il sait ce que je vais penser avant même que je n'y pense.
4. L'omnipotence de Dieu: Dieu est Tout-Puissant (omni = tout + potent = pouvoir). Il a le pouvoir de tout faire: tout ce qu'il veut et immédiatement!

Pour résumer: dans un monde où les gens perçoivent Dieu comme étant ________________, la vérité est que Dieu veut établir des ________________.

Le premier signe montrant que Dieu a établi des relations

Jésus nous a appris à appeler Dieu notre ________________.

Dieu est pour nous un Père parfait.

1. Notre Père est prêt à faire des ________________. Il a envoyé son Fils dans le monde pour être notre Sauveur et mourir pour nous (Jn 3.16 ; 1Jn 4.14).

2. Notre Père a ________________ de ses enfants et il les aime (Ps 103.13; 2Co 1.3).

3. Notre Père ________________ ses enfants (Pr 3.12).

4. Notre Père sait de quoi nous avons besoin avant même que nous le lui demandions (Mt 6.8; 7.9-11; c'est pourquoi nous prions «notre Père» (Mt 6.9).

5. Notre Père nous ________________ (Mt 6.20; Hé 11.6).

6. Notre Père a fait de nous ses héritiers (Rm 8.15-17).

7. Notre Père nous _______________ (2Th 2.16-17).

8. Notre Père ne fait pas de _______________ entre ses enfants.
    - Nous avons tous accès à lui équitablement (Ép 2.18).
    - Il nous bénit tous richement (Rm 10.12).
    - Il juge chaque personne impartialement (1P 1.17).

Jésus nous a dit: «Celui qui ___'a vu a vu le Père» (Jn 14.9).

Perspective personnelle

Vous avez peut-être du mal à imaginer Dieu comme un Père à cause du père terrestre que vous avez eu étant jeune. Une des victoires les plus rafraîchissantes que vous expérimenterez dans votre vie se produira lorsque vous commencerez à percevoir Dieu comme le Père que vous n'avez jamais eu; lorsque vous considérerez Dieu comme le Père qui accomplit ce que votre père n'a jamais pu faire.

Commencez à renforcer cette nouvelle perspective dans votre vie en priant les mots suivants. (Priez la partie qui vous concerne et ajoutez les prières dont vous avez besoin).

> *Dieu, je t'accepte maintenant comme le Père que je n'ai jamais eu. J'ai été déçu(e) par mon père, mais tu ne me décevras jamais. Je n'ai jamais connu mon père terrestre, mais tu veux me connaître. J'ai été blessé(e) par mon père terrestre, mais tu me guéris. Mon père terrestre m'a ignoré(e), mais j'ai ton attention constante. Je n'arrivais jamais à répondre aux attentes de mon père terrestre, mais je peux être libéré/e de ces attentes par ta grâce. Amen.*

Peut-être aviez-vous un père terrestre qui, même s'il n'était pas parfait, vous a donné l'amour vous permettant de découvrir une relation avec Dieu au travers de Jésus. Vous pouvez alors prier:

> *Merci, Dieu, pour mon père terrestre. Je sais qu'il n'était pas parfait dans sa façon de m'élever, mais il était bon et aimable et c'était un homme de caractère. Il a pris des décisions dans sa vie qui m'ont aidé(e) à voir un peu qui tu es, qui m'ont amenées à te connaître plus facilement. Merci pour le don qu'il m'a fait. Amen.*

Agir selon la vérité

Une vérité peut sembler froide et lointaine, tant que nous ne comprenons pas en quoi elle s'applique à notre vie. Comment cette vérité de la réalité de Dieu devient-elle personnelle? Par l'adoration!

1. Avant la prochaine session, lisez les passages suivants des Écritures, dans lesquels Dieu nous parle de sa réalité. En les lisant, soyez attentif à Dieu. Écoutez-le vous parler directement et personnellement.

   C'est vous qui êtes mes témoins, déclare l'Eternel, ainsi que mon serviteur, celui que j'ai choisi afin que vous sachiez, croyiez et reconnaissiez qui je suis: avant moi jamais aucun dieu n'a été formé et après moi jamais aucun autre n'existera.

   - Ésaïe 43.10

   Voyez donc que c'est moi qui suis Dieu et qu'il n'y a pas d'autre dieu que moi. C'est moi qui fais vivre et mourir, qui blesse et guéris, et personne ne peut délivrer de ma main.

   - Deutéronome 32.39

   Voici ce que dit l'Eternel, le roi d'Israël et celui qui le rachète, l'Eternel, le maître de l'univers: Je suis le premier et le dernier. En dehors de moi, il n'y a pas de Dieu. . . . Ne tremblez pas, n'ayez pas peur! Ne te l'ai-je pas depuis longtemps annoncé et révélé? Vous êtes mes témoins: y a-t-il un autre Dieu en dehors de moi? Il n'y a pas d'autre rocher, je n'en connais pas.

   - Ésaïe 44.6, 8

2. Concentrez-vous sur la puissance de Dieu et son contrôle sur toutes choses, en vous souvenant de ce qu'il a fait d'important et de significatif dans votre vie.
   Vous n'avez pas besoin d'une licence d'histoire pour constater l'œuvre de Dieu dans l'histoire de l'humanité. Pensez au fait que la totalité de l'histoire est divisée par rapport à la vie de Christ. Considérez en quoi l'histoire nous a montré que les gouvernements humains les plus puissants s'élèvent et s'effondrent. Prenez une feuille de papier et rédigez une fin à la phrase: «Seigneur, je vois ton contrôle dans l'histoire de l'humanité, lorsque je considère...»

3. Contemplez la beauté et la créativité de Dieu en fermant les yeux et en pensant à ce qu'il a créé. Mieux encore, sortez et regardez!

4. Jésus nous a appris à appeler Dieu «Abba». Le mot «Abba» est l'équivalent intime du mot «père», comme celui qu'un petit enfant utilise: «Papa». Cette semaine, dans vos prières, essayez de vous adresser à Dieu en l'appelant «Abba» ou même «Papa». (Ne pensez pas que ce soit irrévérencieux ; c'est un mot qui exprime votre contact intime avec lui et votre dépendance totale à son égard).

5. Certaines personnes ont besoin de s'imaginer dans la présence de Dieu. Ce n'est pas pour autant que nous adorons une image; elle nous aide uniquement à adorer Dieu. Imaginez Dieu comme étant votre Père. Imaginez-le marchant vers vous, doucement prendre votre visage dans ses mains et vous demander: «Que veux-tu que je fasse pour toi aujourd'hui?»[2]

Commencez d'apprendre la carte de mémorisation n°2 «La vérité au sujet de Dieu».

Questions à discuter

1. Lorsque vous pensez à Dieu, avez-vous une image de lui dans votre esprit? Quelle est cette image?
2. Qu'est-ce qui vous donne le sentiment que Dieu se trouve dans la pièce avec vous? Qu'est-ce qui vous donne le plus le sentiment que Dieu est réel? Constater ce qu'il a fait? Être dans une église? Lire la Bible? Étudier l'Histoire de l'humanité?
3. Examinez les opinions populaires sur Dieu et les vérités concernant Dieu. Dans cette liste, quelle opinion populaire pourrait selon vous susciter le plus de dégâts? Quelle est la vérité qui vous semble la plus difficile à accepter (peut-être à cause de l'enseignement que vous avez reçu ou de la culture dans laquelle vous avez grandi)?
4. Y a-t-il une partie de cette étude qui n'a pas été aussi claire que vous l'auriez souhaité? Avez-vous des questions au sujet de ce dont nous avons parlé et auxquelles nous n'avons pas répondu?
5. Qu'est-ce qui dans l'amour de Dieu vous a le plus aidé à le voir comme un Père parfait? Comment Dieu vous a-t-il révélé son amour de Père? Pour vous aider à répondre, relisez la liste où figurent huit manières dont Dieu répond à nos besoins comme un Père.

Réponses

créativité
empreinte
actions
révélé lui-même
sa création
sa Parole
son Fils
proche
chaque détail
pardonner

inabordable
relations
Père
sacrifices
compassion
guide
récompense
encourage
favoritisme
m

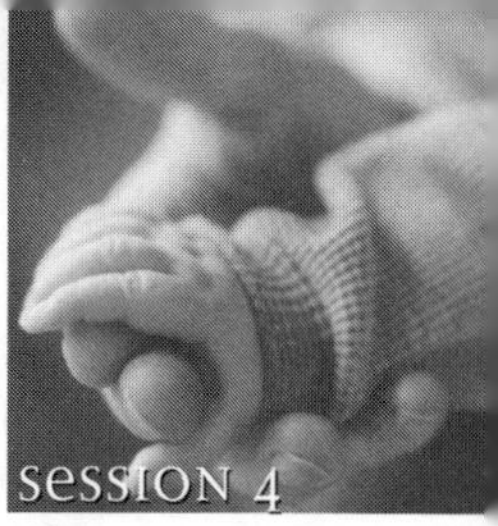

Dieu
2e partie

Objectif qui transforme la vie

Se laisser émerveiller par Dieu, ce qui entraîne la décision de prendre du temps pour mieux le connaître.

Dans cette étude, nous allons nous concentrer sur trois caractéristiques uniques de la personne de Dieu.

Dans l'étude précédente, nous avons étudié l'expression la plus parlante de la proximité de Dieu: le fait qu'il soit notre Père. Nous allons à présent nous concentrer sur trois autres aspects de la personne de Dieu, que nous avons tous besoin de connaître et de comprendre. Si Dieu passait un test de personnalité, il ne serait pas décrit en termes aussi limités que «sanguin», «dominant» ou «introspectif». Les trois caractéristiques suivantes sont uniques à la personne de Dieu.

Dieu est une ____________________

Une parole à propos

Trinité

Dieu est trois en un: le Père, le Fils et le Saint-Esprit. Il ne s'agit pas de trois dieux, ni d'un Dieu agissant de trois façons différentes. La Bible nous dit que Dieu est composé de trois personnes distinctes et différentes, et que ces trois personnes distinctes et différentes sont une dans la personne de Dieu.

Images et affirmations concernant la Trinité

La doctrine de la Trinité ne se trouve pas dans un verset unique de la Bible. On la retrouve dans l'étude de la Bible toute entière.

L'image de la Trinité de St. Patrick était un trèfle d'Irlande à trois feuilles.

Certains utilisent l'image des trois formes de l'eau: solide (glace), liquide et gaz (vapeur). L'eau, sous pression et dans le vide, à une température inférieure du point de gel, existe simultanément à l'état de glace, de liquide et de gaz; elle est cependant toujours identifiée comme de l'eau (H_2O), sa nature de base. En physique, on appelle cela «les trois états de l'eau».

D'autres utilisent une image beaucoup plus triviale: celle d'une glace napolitaine! Les trois parfums (vanille, chocolat, fraise) sont distincts et séparés, cependant, si l'un d'eux manque, ce n'est plus une glace napolitaine.

> Lorsque j'ai commencé à étudier la Bible, il y a des années, la doctrine de la Trinité était un des problèmes les plus complexes que j'aie rencontré. Je ne l'ai jamais complètement résolu, car il contient toujours une part de mystère. Même si aujourd'hui je ne le comprends pas encore totalement, je l'accepte comme une révélation de Dieu.[1]
>
> - Billy Graham

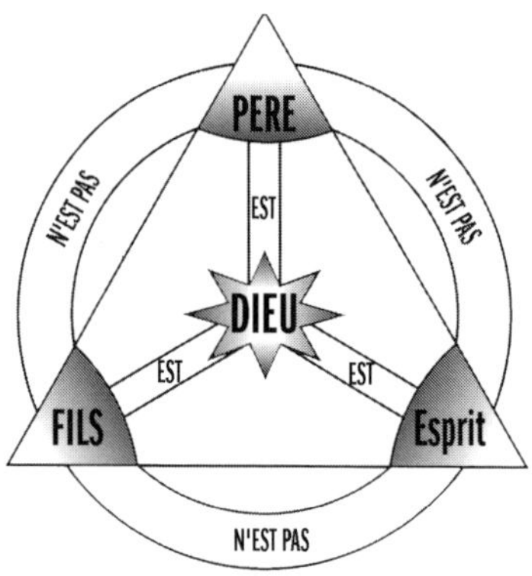

La vérité de la Trinité est confirmée par l'enseignement de la Bible qui dit que. . .

1. Dieu est ________________.

   Ecoute, Israël! L'Eternel, notre Dieu, est le seul Eternel.

   - Deutéronome 6.4

   En effet, c'est moi qui suis Dieu et il n'y en a pas d'autre. Je suis Dieu et personne n'est comparable à moi.

   - Ésaïe 46.9

2. Le Père, le Fils et le Saint-Esprit sont appelés Dieu.

   - Le Père est Dieu.

     Que la grâce et la paix vous soient données de la part de Dieu notre Père et du Seigneur Jésus-Christ.

     - Romains 1.7

- Jésus est Dieu.

  Thomas lui répondit: «Mon Seigneur et mon Dieu!»

  - Jean 20.28

  Au commencement, la Parole existait déjà. La Parole était avec Dieu et la Parole était Dieu.

  - Jean 1.1

- L'Esprit est Dieu.

  Quant à moi, je prierai le Père et il vous donnera un autre défenseur afin qu'il reste éternellement avec vous: l'Esprit de la vérité, que le monde ne peut pas accepter parce qu'il ne le voit pas et ne le connaît pas. Mais vous, vous le connaissez, car il reste avec vous et il sera en vous.

  - Jean 14.16-17

  Pierre lui dit: «Ananias, pourquoi Satan a-t-il rempli ton coeur, au point que tu aies menti au Saint-Esprit. . . . Ce n'est pas à des hommes que tu as menti, mais à Dieu.»

  - Actes 5.3-4

3. Le Père, le Fils et l'Esprit sont ____________________ les uns des autres.

   Jésus est distinct du Père. (Il a prié le Père en Jean 17).

   L'Esprit est distinct du Père (Jean 14.26).

   Le Fils est distinct de l'Esprit (Jean 14.16-17).

Conclusion: Dieu est un seul être, mais il existe en trois personnes.

Aperçus de la Trinité

- Dieu parle de lui-même en disant «__________» dans quatre passages de l'Ancien Testament (Gn 1.26; 3.22; 11.7; És 6.8).
- Les trois personnes de la trinité ont participé à la création (l'Esprit - Gn 1.2; le Père - Hé 1.2; le Fils - Col 1.15-16).
- Nous sommes ________________ au nom du Père, du Fils et du Saint-Esprit (Mt 28.19).
- Les trois personnes de la Trinité étaient au ____________________ de Jésus (Mc 1.10-11) et à l'____ de Jésus (Lc 1.35).
- La Bible nous dit que les trois personnes de la Trinité ont produit la puissance nécessaire à la ________________________________ de Jésus. Dans Jean 2.19, Jésus a dit qu'il ressusciterait son corps. Dans Romains 8.11, il nous est dit que le Saint-Esprit a ressuscité Jésus. Dans Actes 3.26, le Père a ressuscité le Fils. Cela ne prend de sens que lorsque l'on conçoit la vérité de la Trinité. Seul Dieu peut ressusciter quelqu'un d'entre les morts.

- La prière de Paul dans 2 Corinthiens 13.13: «Que la grâce du Seigneur Jésus-Christ, l'amour de Dieu et la communion du Saint-Esprit soient avec vous tous.»
- La promesse de Jésus à ses disciples dans Jean 14.16-17: Jésus a dit qu'il demanderait au Père d'envoyer le Saint-Esprit.

Perspective personnelle

Pourquoi est-ce important?

Sur le plan théologique: comprendre la vérité de la Trinité nous prévient d'adopter des perceptions fausses de la personne de Dieu.

Cela nous empêche également de percevoir Jésus et l'Esprit comme étant inférieurs à Dieu; de percevoir Jésus et le Père comme étant la même personne; et de penser qu'il y a trois dieux plutôt qu'un seul.

Une des tentations inévitables en tant qu'être humain, est de percevoir Dieu comme inférieur à ce qu'il est. La vérité de la Trinité nous aide à combattre cette tentation.

Sur le plan personnel: la Trinité est un rappel de la majesté et du mystère de Dieu qui s'est donné pour nous sur la croix.

Vous croyez à la vérité de la Trinité:

- Lorsque vous recevez son salut (l'Esprit convainc - Jean 16.8; le Fils offre le sacrifice - Hé 10.10; le Père l'accorde - Jean 3.16).
- Chaque fois que vous priez (l'Esprit communique - Rm 8.34; Jésus intercède - Rm 8.34; le Père répond - Jn 16.23-24).

Sur le plan relationnel: la Trinité nous montre que Dieu, de par son essence même, aime les relations.

Avant même de nous avoir créés, il y avait une relation parfaite entre Dieu le Père, Dieu le Fils et Dieu le Saint-Esprit. Dieu n'avait pas besoin de nous créer pour avoir une relation avec quelqu'un, parce qu'il y avait déjà une parfaite communion au sein de la Trinité. Notre capacité de communion les uns avec les autres et de communion avec Dieu provient de sa nature relationnelle.

Dieu est totalement ____________________

La souveraineté fait référence, non pas à l'attitude de Dieu, mais à la réalité de ce qu'il est. Dieu n'a pas une personnalité dominante, mais il domine tout de sa personne. Il ne contrôle pas, il est le contrôle suprême. Dieu n'a pas besoin de prendre les choses en main, elles ne quittent jamais ses mains.

1. Il est plus grand que sa création et il existe au-dessus d'elle: Il est ____________________.

   Mais quoi! Dieu pourrait-il vraiment habiter sur la terre? Puisque ni le ciel ni les cieux des cieux ne peuvent te contenir, cette maison que j'ai construite le pourrait d'autant moins!

   – 1 Rois 8.27

   Un seul Dieu et Père de tous. Il est au-dessus de tous, agit à travers tous et habite en nous tous.

   – Éphésiens 4.6

   - Il est plus grand que le temps (És 57.15; Dt 33.27; Ps 90.2).
   - Il est plus grand que les lieux (Ps 139.7-10; Jr 23.23; Ac 17.24-28).
   - Il est plus grand que les circonstances (Jc 1.17; 1 S 15.29; Ml 3.6).

   Rien ne ____________________ Dieu (Ps 139.2-4).

2. Il n'a jamais besoin d'aide ou de permission: il est ____________________.

   Il n'est pas servi par des mains humaines, comme s'il avait besoin de quoi que ce soit, lui qui donne à tous la vie, le souffle et toute chose.

   – Actes 17.25

   Mais toi, homme, qui es-tu pour entrer en contestation avec Dieu? L'objet dira-t-il à celui qui l'a façonné: «Pourquoi m'as-tu fait ainsi?»

   – Romains 9.20

3. Dieu peut faire tout ce qu'il veut: il est ____________________.

   Il compte le nombre des étoiles et leur donne à toutes un nom. Notre Seigneur est grand, puissant par sa force. Son intelligence est sans limite.

   – Psaume 147.4-5

   À cinquante-six reprises, la Bible dit que Dieu est le Tout-Puissant.

Une parole à propos

Pendant un bref instant, repensez aux termes que nous avons utilisés pour décrire Dieu. Ces mots sont souvent mal compris. Ils ont pris une connotation qui nous laisse penser que Dieu est un Dieu impersonnel. Rien de surprenant, car un des complots de Satan est de déformer et de dégrader le nom et la personne de Dieu, dans une tentative d'affaiblir son impact dans le monde et dans notre vie. Satan est à la tête d'une campagne de calomnie qui cherche à diffamer le caractère de Dieu. Voilà la vérité au sujet de certains des mots que nous utilisons communément pour décrire Dieu.

Saint ne veut pas dire que Dieu est difficile à satisfaire ou condescendant: «Je suis plus saint que vous.» Être saint, littéralement, c'est être mis à part, distinct. Saint veut dire que Dieu est d'une intégrité parfaite. En fait, il est le seul être de l'univers dont l'intégrité est parfaite.

Éternel ne veut pas dire que Dieu est vieux ou fatigué ou dépassé. Dieu a toujours existé. Il se tient en dehors du temps, capable de voir l'histoire toute entière de l'univers d'un seul coup d'œil.

Transcendant ne veut pas dire que Dieu ne peut pas comprendre nos besoins et nos douleurs. Cela ne signifie pas, comme le chante une artiste connue, qu'il nous regarde «de loin». Le fait que Dieu se tienne au-dessus et au-delà de sa création ne signifie pas qu'il soit en dehors de sa création. Il est à la fois transcendant (au-dessus et au-delà de sa création) et immanent (au-dedans et au travers de sa création).

Tout-Puissant ne veut pas dire que Dieu fait tout ce qu'il veut sans penser à l'impact que cela peut avoir sur nous. Il utilise sa puissance pour créer et pour aimer sa création.

Omniscient ne signifie pas que Dieu est un genre de «Big Brother» cosmique, qui nous surveille et nous juge sans jamais prendre soin de nous. Nous savons qu'en tant qu'êtres humains, il nous est difficile d'être témoins de toute la douleur du monde sans nous endurcir, mais Dieu n'est pas comme cela. Il peut voir tout ce qui se passe et cependant, prendre réellement soin de chacun.

Dieu est ________________________________

«Dieu est bon, tout le temps.»

«Tout le temps, Dieu est bon.»

- Il agit dans la ____________________ (Lv 11.44; És 6.1-3).

  L'année de la mort du roi Ozias, j'ai vu le Seigneur assis sur un trône très élevé; le bord inférieur de son vêtement remplissait le temple. Des séraphins se tenaient au-dessus de lui. Ils avaient chacun six ailes: deux dont ils se couvraient le visage, deux dont ils se couvraient les pieds et deux dont ils se servaient pour voler. Ils se criaient l'un à l'autre:

  «Saint, saint, saint est l'Éternel, le maître de l'univers!
  Sa gloire remplit toute la terre!»

  – Ésaïe 6.1-3

- Il établit une relation de ________________ (Ex 34.6; Lm 3.22; Jc 5.11).
- Nous pouvons avoir confiance en sa ____________ (Ps 36.5; Hé10.23).
- Sa ________________ est inégalée (Ps 34 .8; 2P 1.3).
- Sa ________________ est impartiale et loyale (És 30.18; Lc 18.7-8).
- Il réagit contre le péché avec ________________ (Gn 6.5-8; Rm 2.5-9; 1Th 2.16).
- Il est ________________ (1 Jn 4.7-11; Jn 3.16).

Perspective personnelle

La Bible nous parle souvent de la nature de Dieu en termes de défi personnel. Nous sommes créés à son image (Gn 1.27). Nous devons ressembler à son caractère. Certains des attributs de Dieu lui sont personnellement réservés, comme l'omnipotence ou l'éternité, mais notre vie doit en refléter d'autres. Comment est-ce possible? Un simple principe de la nature humaine s'applique ici: nous devenons comme ceux avec qui nous passons le plus de temps. Lorsque je passe du temps avec Dieu, je deviens inévitablement plus comme lui.

Sa personne donne du pouvoir à mon caractère!

Terminez d'apprendre la carte de mémorisation n°2 «La vérité au sujet de Dieu». Si vous consacrez un peu de temps chaque semaine à la mémorisation de ces vérités, vous augmenterez votre capacité à les appliquer à votre vie de tous les jours. Vous serez également capable de les partager plus facilement avec d'autres.

Annexe

Théologie de la Trinité

Introduction	Dans les Écritures, le mot *Trinité* n'est jamais utilisé, ni la doctrine Trinitaire enseignée de façon explicite, cependant celle-ci est la meilleure explication de l'évidence biblique. C'est une doctrine cruciale pour le christianisme parce qu'elle se focalise sur la personne de Dieu et en particulier sur la divinité de Jésus-Christ. Étant donné que la doctrine Trinitaire n'est pas explicitement enseignée dans les Écritures, l'étude de la doctrine est un exercice qui consiste à relier les thèmes bibliques et les données grâce à une étude théologique systématique et une revue des développements historiques sur la conception actuelle, orthodoxe, de ce que la Bible présente sur la Trinité.	
Éléments essentiels de la Trinité	Dieu est un. Chaque personne de la divinité est Dieu. L'unité de Dieu et le triple aspect de Dieu ne sont pas contradictoires. La Trinité (Père, Fils et Saint-Esprit) est éternelle. Chacune des personnes de Dieu est de la même essence et n'est pas inférieure ou supérieure aux autres dans leur essence. La Trinité est un mystère que nous ne serons jamais capables de totalement comprendre.	
Enseignement biblique	**Ancien Testament**	**Nouveau Testament**
Dieu est un	«Ecoute, Israël! L'Eternel, notre Dieu, est le seul Eternel.» (Dt 6.4; 20.2; 3.13-15).	« Au roi des siècles, au Dieu immortel, invisible et seul sage soient honneur et gloire aux siècles des siècles! Amen.» (1Tm 1.17; 1Co 8.4-6; 1Tm 2.5-6; Jc 2.19)
Trois personnes divines distinctes	Le Père: «Il m'a dit: 'Tu es mon fils, je t'ai engendré aujourd'hui!'» (Ps 2.7)	« . . . vous qui avez été choisis conformément à la prescience de Dieu le Père.» (1P 1. 2; Jn 1 .17; 1Co 8.6; Ph 2.11)
	Le Fils: «Il m'a dit : 'Tu es mon Fils, je t'ai engendré aujourd'hui!'» (Ps 2.7; Hé 1.1-13; Ps 68.18; És 6.1-3; 9.6)	«Dès qu'il fut baptisé, Jésus sortit de l'eau. Alors le ciel s'ouvrit pour lui et il vit l'Esprit de Dieu descendre comme une colombe et venir sur lui. Au même instant, une voix fit entendre du ciel ces paroles: 'Celui-ci est mon Fils bien-aimé, qui a toute mon approbation.'» (Mt 3.16-17).
	Le Saint-Esprit: «Au commencement, Dieu créa le ciel et la terre. . . et l'Esprit de Dieu planait au-dessus de l'eau.» (Gn 1.1-2; Ex 31.3; Jg 15.14; És 11.2)	« Pierre lui dit: 'Ananias, pourquoi Satan a-t-il rempli ton cœur, au point que tu aies menti au Saint-Esprit...? Ce n'est pas à des hommes que tu as menti, mais à Dieu.'» (Ac 5.3-4; 2Co 3.17)
Pluralité de personnes dans la divinité	L'utilisation de pronoms pluriels indique, ou du moins suggère, la pluralité de personnes dans la divinité dans l'Ancien Testament.	L'utilisation du mot singulier «nom» en référence à Dieu le Père, Fils et Saint-Esprit indique une unité dans la tri-unité de Dieu.
	«Puis, Dieu dit: 'Faisons l'homme à notre image, à notre ressemblance! . . .'» (Gn 1.26)	«Allez donc, faites de toutes les nations des disciples, baptisez-les au nom du Père, du Fils et du Saint-Esprit.» (Mt 28.19)

Annexe *(suite)*

	Attribut	Père	Fils	Saint-Esprit
Personnes de la même essence: attributs appliqués à chaque personne	Éternité	Ps 90.2	Jn 1.2; Ap 1.8, 17	Hé 9.14
	Puissance	1P 1.5	2Co 12.9	Rm 15.19
	Omniscience	Jr 17.10	Ap 2.23	1Co 2.11
	Omniprésence	Jr 23.24	Mt 18.20	Ps 139.7
	Sainteté	Ap 15.4	Ac 3.14	Ac 1.8
	Vérité	Jn 7.28	Ap 3.7	1Jn 5.6
	Bienveillance	Rm 2.4	Ép 5.25	Né 9.20
Égalité avec des rôles différents: activités incluses	Création du monde	Ps 102.25	Col 1.16	Jb 33.4
	Création de l'homme	Gn 2.7	Col 1.16	Gn 1.2; Jb 26.13
	Baptême de Christ	Mt 3.17	Mt 3.16–17	Mt 3.16
	Mort de Christ	Hé 9.14	Hé 9.14	Hé 9.14

Source: Traduction d'un extrait de *Charts of Christian Theology and Doctrine* par H. Wayne House.
Copyright © 1992 par H. Wayne House. Utilisé avec la permission de Zondervan.

Questions à discuter

1. Avez-vous commencé à penser davantage à Dieu comme votre Père cette semaine? Expliquez dans quelles les circonstances et à quel endroit vous vous êtes rappelé qu'Il est votre Père.
2. Partagez ce que vous avez vécu lors des quatre exercices d'adoration de l'étude précédente mentionnés dans les points ci-dessous.
   - Après avoir lu les passages des Écritures dans lesquels Dieu parle de sa réalité, quelles vérités vous ont touché?
   - Lorsque vous avez pris du temps pour vous concentrer sur la puissance et le contrôle de Dieu en vous rappelant de certaines choses significatives qu'Il a faites dans votre vie, de quoi vous êtes-vous souvenu?
   - Qu'avez-vous écrit sur la façon dont vous voyez la main de Dieu dans l'Histoire humaine?
   - Partagez vos expériences avec le groupe alors que vous prenez du temps pour méditer sur la beauté de Dieu et sa créativité en pensant à, ou en observant de plus près sa création.
3. Il est facile de réagir à l'enseignement de la Trinité en se disant: «Peu importe... du moment que je sais que Jésus m'aime.» Comment cette étude vous a-t-elle aidé à voir en quoi la vérité de la Trinité est importante?
   - Quels sont les faux enseignements sur Dieu que la vérité de la Trinité combat?
   - Comment cette vérité vous aide-t-elle ou pourrait vous aider personnellement?

4. En quoi la vérité selon laquelle Dieu transcende le temps, l'espace et les circonstances vous aide-t-elle à affronter certaines situations spécifiques auxquelles vous faites face en ce moment?

5. Alors que nous arrivons au terme de notre étude sur la personne de Dieu:
   - Quelles nouvelles choses avez-vous apprises sur Dieu?
   - Qu'avez-vous appris qui rende Dieu un peu plus proche, moins distant?
   - Qu'avez-vous appris au sujet de Dieu qui vous fasse sourire, vous rende capable de vous réjouir davantage le concernant?
   - Qu'avez-vous appris sur Dieu qui vous fasse ressentir que vous êtes encore plus aimé de lui?
   - Qu'avez-vous appris sur Dieu, qui vous ait aidé à mieux comprendre sa grandeur?
   - Qu'avez-vous appris sur Dieu qui ait augmenté votre désir de lui consacrer votre vie?
   - Qu'avez-vous appris sur Dieu qui ait augmenté votre sentiment de sécurité au quotidien?

6. La manière dont Dieu agit envers nous est un exemple clair de la manière dont il veut que nous agissions envers les autres. Bien que nous ne puissions posséder toutes les caractéristiques de Dieu (aucun de nous n'est tout-puissant ou parfait), nous pouvons tous développer notre ressemblance au caractère de Dieu (compassion, amour, bonté, pardon) et la montrer au monde qui nous entoure.

   Dieu désire que son caractère soit visible dans le monde. Une des manières dont nous pouvons exprimer notre foi en tant que chrétiens, est de prier que son caractère soit révélé au monde à travers nous. Utilisez la liste de questions suivantes pour vous constituer une liste de prière qui fera partie de votre «liste de prière du groupe». Une des choses les plus extraordinaires que vous expérimenterez en tant que groupe, c'est la façon dont Dieu répondra à la majorité des prières qui figureront sur cette liste.
   - À quel endroit du monde (ou dans votre région) souhaiteriez-vous le plus voir des gens découvrir la compassion de Dieu?
   - Qui espérez-vous voir s'attacher le plus à la sagesse de Dieu?
   - Avec qui ou avec quoi comptez-vous sur Dieu pour apprendre la patience?
   - Quelle relation aimeriez-vous que Dieu restaure?

   Soyez spécifique dans vos requêtes de prière. Si votre souci concerne votre sœur, ne dites pas «ma famille». Invitez le groupe à connaître les détails de ce pourquoi vous aimeriez qu'ils prient.

Pour aller plus loin

James I. Packer, *Connaître Dieu,* Éditions Grâce et Vérité, 1994.
Paul Helm, *La providence de Dieu*, Éditions Excelsis, 2007.
Philip Yancey, *Atteindre le Dieu invisible*, Éditions Vida, 2003.
Floyd McClung, *Dieu un cœur de père*, Éditions Jeunesse en mission, 1999.
Sinclair Ferguson, *Connaître Dieu pour l'adorer*, Europresse, 2003.

Réponses

trinité
un
distincts
nous
baptisés
baptême
annonce de la naissance
résurrection
souverain
transcendant
surprend
tout-suffisant
tout-puissant
parfaitement moral
sainteté
compassion
fidélité
bonté
justice
colère
amour

Jésus
1ère partie

Objectifs qui transforment la vie

- Vous permettre de mieux connaître qu'auparavant votre meilleur ami, Jésus-Christ.
- Vous encourager à agir selon la vérité que Jésus est votre meilleur ami d'une manière spécifique.

L'objet de cette étude est simple: apprendre à mieux connaître Jésus. Je souhaite que vous appreniez à connaître votre meilleur ami: Jésus-Christ. Cet enseignement traite de l'approfondissement de la connaissance de Jésus, comme pour connaître n'importe qui: en prenant connaissance de ses noms, en découvrant l'histoire de sa vie et en appréciant sa personnalité.

Pourquoi est-ce important?

1. Connaître Jésus est une ____________________ continuelle de la vie.
2. Connaître Jésus est le ____________________ continuel du chrétien.

   Sa divine puissance nous a donné tout ce qui est nécessaire à la vie et à la piété en nous faisant connaître celui qui nous a appelés par sa propre gloire et par sa force.

   – 2 Pierre 1.3

Les noms de Jésus

Une des premières approches pour apprendre à connaître quelqu'un, c'est de prendre connaissance de son nom. Ce n'est pas une mince tâche concernant Jésus. L'*analyse thématique de la Bible* d'Elwell donne la liste de 184 noms différents utilisés pour désigner le Christ dans la Bible.[1]

Un nom permet d'identifier quelqu'un. Les noms de Jésus vous aident à identifier qui Il est.

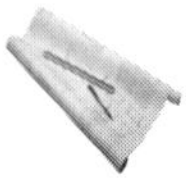

Une parole à propos

Le nom d'une personne

Dans la Bible, les noms avaient plus de signification que ceux que nous donnons parfois de nos jours. Un nom permettait d'indiquer trois éléments spécifiques concernant une personne:

1. son but   2. sa position   3. sa destinée

- L'ange a dit à Marie: Jésus (Luc 1.31).

  Jésus signifie «salut de Dieu».
- L'ange a dit aux bergers (Luc 2.11):
  - Sauveur: cela révèle le ____________ de Jésus.
  - Christ: cela révèle la ________________ de Jésus.
  - Seigneur: cela révèle la ________________ de Jésus.

  Jésus-Christ, aujourd'hui, je veux entamer une relation avec toi. Je ne veux pas simplement apprendre des choses à ton sujet, je veux te connaître personnellement. Je te demande de me pardonner pour les mauvaises choses que j'ai faites. Je veux découvrir la vraie vie avec toi. Je choisis aujourd'hui de commencer à vivre sous ta direction et tes conseils. Je ne sais pas encore ce que tout cela veut dire, mais je te fais confiance pour me montrer le chemin. Au nom de Jésus, amen.

Perspective personnelle

La Bible fait plus que nous donner une simple liste des noms de Jésus; elle nous parle aussi de la puissance de son nom!

Certains noms *ont* un pouvoir. Faites ci-dessous la liste de certains noms, dans notre monde actuel, qui ont un certain pouvoir ou une autorité.

1. Le nom de Jésus est au-dessus de tout nom (Ph 2.9–11).

   C'est aussi pourquoi Dieu l'a élevé à la plus haute place et lui a donné le nom qui est au-dessus de tout nom afin qu'au nom de Jésus chacun plie le genou dans le ciel, sur la terre et sous la terre et que toute langue reconnaisse que Jésus-Christ est le Seigneur, à la gloire de Dieu le Père.

   – Philippiens 2.9-11

2. En tant que chrétiens, nous vivons en son nom!

Nous sommes oints (Jc 5.14),
pardonnés (1Jn 2.12),
baptisés (Ac 10.48),
et justifiés en son nom (1Co 6.11).

Nous nous assemblons en son nom (1Co 5.4),
nous portons son nom (1P 4.16),
croyons en son nom (Jn 1.12),
et invoquons son nom (1Co 1.2).

Nous rendons grâce en son nom (Ép 5.20),
nous avons la vie (Jn 20.31),
nous prêchons (Ac 8.12),
parlons (Ac 9.28),
et souffrons (Ac 21.13; 1P 4.16).

Nous faisons tout en son nom (Col 3.17).

Les détails de la vie de Jésus

La vie de Jésus n'a pas commencé à sa naissance et ne s'est pas non plus terminée à sa mort. Nous allons examiner la vie de Jésus, avant, pendant et après son passage sur terre. Si vous tracez un graphique chronologique linéaire de la vie de Jésus, sa vie sur terre ne sera qu'un point d'exclamation au milieu d'une longue ligne représentant l'éternité. Nous considérons sa vie sur terre comme une partie essentielle, et c'est la plus significative pour nous, mais en termes de temps, c'est la plus infime.

Que faisait Jésus avant sa naissance?

La pré-incarnation de Christ

- Il a toujours existé: il est éternel (Mi 5.2; Jn 8.57-58).
- Il a __________ l'univers (Col 1.16).
- Il exerçait un ____________________ auprès des gens.

  Parmi les gens auprès desquels Jésus a exercé un ministère, nous trouvons:

  1. Agar (Gn 16.7-14):

     L'ange de l'Eternel la trouva près d'une source d'eau dans le désert... L'ange de l'Eternel lui dit: «Retourne vers ta maîtresse et humilie-toi sous son pouvoir.» Puis l'ange de l'Eternel lui affirma: «Je multiplierai ta descendance. Elle sera si nombreuse qu'on ne pourra pas la compter.»
     – Genèse 16.7, 9-10

2. Moïse (Ex 3 .2-14):

   L'ange de l'Eternel lui apparut dans une flamme de feu, au milieu d'un buisson... Dieu l'appela du milieu du buisson en disant: «Moïse! Moïse!»

   - Exode 3.2, 4

3. Abraham (Gn 18.1-2; 22.11-12):

   L'Eternel apparut à Abraham parmi les chênes de Mamré. . . Il leva les yeux et vit trois hommes debout non loin de lui.

   - Genèse 18.1-2

Une parole à propos

L'ange de l'Éternel (ou l'ange du Seigneur)

À maintes reprises dans l'Ancien Testament, un personnage nommé «l'ange de l'Éternel» apparaît à des gens. Il est évident qu'il s'agit de plus qu'un ange. La façon dont il nous en est parlé l'identifie davantage à Dieu lui-même. Il n'y a pas qu'une seule référence biblique concernant l'identité de l'ange de l'Éternel, mais la grande majorité des enseignants de la Bible considèrent ces apparitions comme des apparitions de Christ sur terre avant sa naissance humaine. Non, il ne ressemblait pas à Jésus de Nazareth. Il n'était pas le même que lorsqu'il est né à Bethléem. Il a simplement pris l'apparence d'un homme.

Dans Genèse 16, l'ange qu'a vu Agar lui a dit qu'il multiplierait sa descendance; seul Dieu pouvait dire cela. Agar a reconnu cet ange comme «le Dieu qui me voit». La Bible elle-même fait référence à lui comme «Le Seigneur qui lui parla».

Dans Exode 3, il nous est dit: « L'ange de l'Éternel lui apparut dans une flamme de feu, au milieu d'un buisson. . . Dieu l'appela du milieu du buisson en disant: «Moïse! Moïse!» (Ex 3.2, 4). Et Genèse 18.1-2 nous dit que l'Éternel apparut également à Abraham sous la forme d'un homme.

La vie de Jésus sur terre

Une courte histoire

Même si Jésus est éternel, nous connaissons davantage les trente-trois courtes années durant lesquelles il a marché sur cette terre. Un des moyens de devenir son ami, c'est d'apprendre des choses à son sujet: l'endroit où il est né, ses relations importantes, les événements mémorables de sa vie, etc. De quelle manière les histoires que vous connaissez de la vie de Jésus s'insèrent-elles dans l'histoire générale de sa vie? En examinant les événements de sa vie terrestre, nous pouvons apprendre à mieux le connaître.

Un regard sur la vie de Jésus, divisée en six périodes principales

1. L'__________________ de Jésus

   Commencement: sa naissance (Mt 1-2; Lc 1.1-2.38)

   Fin: Jésus au temple (Lc 2.41-50)

   Événements significatifs:

   - la présentation de Jésus au temple (Lc 2.22-39)
   - la fuite en Égypte (Mt 2.13-23)
   - la visite au temple à l'âge de douze ans (Lc 2.41-50)

«Les années silencieuses» de la vie de Jésus

- Jésus a grandi comme n'importe quel enfant.

  Jésus grandissait en sagesse, en taille et en grâce devant Dieu et devant les hommes.

  - Luc 2.52

- Sa mère, Marie, était avec lui à sa naissance (bien sûr! Lc 2.7), à sa mort (Jn 19.25), comme témoin de sa résurrection, et à la naissance de l'Église, le jour de la Pentecôte (Ac 1.14; 2.1).
- Son père, Joseph, est probablement mort quelque temps après la visite de Jésus au temple de Jérusalem et avant le début de son ministère public, à l'âge de trente ans. Joseph n'est plus une seule fois mentionné après l'expérience au temple, bien que Marie le soit, à de nombreuses occasions. Il aurait été tout à fait inhabituel à cette époque, que Marie voyage sans son mari, si ce dernier avait toujours été vivant.
- Il y avait au moins sept enfants dans la famille de Jésus: Jésus, quatre demi-frères, et au moins deux demi-sœurs (demi-frères et demi-sœurs parce que Dieu était le Père de Jésus, et Joseph le père des autres). Nous savons ceci d'après Matthieu 13.55-56: «N'est-il pas le fils du charpentier? N'est-ce pas Marie qui est sa mère? Jacques, Joseph, Simon et Jude ne sont-ils pas ses frères? Et ses soeurs ne sont-elles pas toutes parmi nous?»
- Son frère Judas a écrit un des livres du Nouveau Testament, le livre de Jude.
- Son frère Jacques a également écrit un des livres du Nouveau Testament. Devinez lequel: bravo... Jacques! Judas et Jacques ont été sceptiques jusqu'à ce qu'ils rencontrent Jésus après sa résurrection (Jn 7.5 ; Ac 1.14; 1Co 15.7). Jacques est devenu un des dirigeants de l'Église de Jérusalem (Ac 12.17; 15.13-21).

2. Début du ________________ de Jésus

   Quatre événements significatifs marquent le début du ministère public de Jésus à l'âge de trente ans:

   - le ministère de Jean Baptiste (Mc 1.1-8; Lc 3.1-18)
   - le baptême de Jésus (Mt 3.13-17; Mc 1.9-11)
   - la tentation de Jésus dans le désert (Lc 4.1-13; Mt 4.1-11)
   - le changement par Jésus de l'eau en vin (Jn 2.1-11)

3. Ministère de Jésus en ________________

   Commencement: la purification du temple (Jn 2.13 et suivants)

   Fin: la conversation avec la femme au puits (Jn 4.1-42)

   Événements significatifs: la conversation avec Nicodème (Jn 3)

4. Ministère de Jésus en ________________

   Commencement: guérison du fils d'un homme important à Capernaüm (Jn 4.46-53)

   Fin:

   - la déclaration de foi de Pierre (Mt 16.13 et suivants)
   - la transfiguration de Jésus (Mt 17.1 et suivants; Luc 9.28 et suivants)

   Evénements significatifs:

   - le sermon sur la montagne (Mt 5-7)
   - l'appel des disciples (Lc 5.1-11; Mc 2.13-14; Lc 6.12-16)
   - la multiplication des pains pour les 5'000 hommes (Mt 14.13-21; Mc 6.30-44)

5. Voyage de Jésus à ________________

   Commencement: il «prit la décision de se rendre à» Jérusalem (Lc 9.51)

   Fin: Marie oignit son corps pour l'ensevelissement (Jn 12.1 et suivants; Mt 26.6-13)

   Événements significatifs:

   - la controverse avec les Pharisiens (Lc 14; Lc 16.14 et suivants)
   - la résurrection de Lazare (Jn 11.1 et suivants)
   - la rencontre avec Zachée à Jéricho (Lc 19.1 et suivants)

6. La mort, l'ensevelissement et la résurrection de Jésus

   Commencement: l'entrée triomphale à Jérusalem (Mt 21.1-11)

   Fin: l'ascension au ciel (Lc 24.50-51)

   Événements significatifs:

   - la purification du temple, le Jardin de Gethsémané, les épreuves (Lc 19.45-46; Jn 17-18)
   - la mort de Jésus sur la croix (Mt 27.31-50; Lc 23.26-46)
   - l'ensevelissement de Jésus dans un tombeau (Mc 15.42-47; Jn 19.38-42)
   - Jésus est vivant (Mt 28.2-15; Mc 16.1-17; Lc 24.1-7; Jn 20.1-18)

Perspective personnelle

Jésus fait partie de l'Histoire. Dans *l'Encyclopédie Britannica*, après le débat sur les écrits concernant Jésus en dehors du Nouveau Testament, l'affirmation suivante est présentée: «Ces comptes-rendus indépendants prouvent que dans les temps anciens, même les opposants au christianisme n'ont jamais douté de l'existence historique de Jésus, sujet qui ne fut débattu pour la première fois et sur des terrains inadéquats par plusieurs auteurs qu'à la fin du 18e siècle, durant le 19e et au début du 20e siècle.»[6]

> En effet, Dieu a tant aimé le monde qu'il a donné son Fils unique afin que quiconque croit en lui ne périsse pas mais ait la vie éternelle.
>
> – Jean 3.16

L'existence éternelle de Christ

À quoi ressemble-t-il?

Toutes les évidences indiquent que Jésus continue d'exister dans son ______________________________ au ciel:

- Il est monté au ciel sous une forme corporelle (Ac 1.9).
- Il reviendra sous une forme corporelle (Ac 1.11).
- Étienne l'a vu au ciel sous une forme corporelle (Ac 7.55-56).
- Paul indique que Jésus a maintenant un corps glorieux (Ph 3.21).

Que fait-il actuellement?

- Il est en train de ______________________ à la droite de Dieu (Ép 1.20-22 ; 1P 3.22).
- Il ______________________ pour nous (Rm 8.34).

- Il maintient la cohésion de ________________________ (Col 1.16-17).
- Il ________________________ avec impatience que nous soyons avec Lui (Jn 14.1-3; 17.24).

Agir selon la vérité

Jésus-Christ veut être votre meilleur ami. Pensez-y: votre meilleur ami qui règne à la droite de Dieu, celui qui tient l'univers ensemble. Cette semaine, je voudrais vous encourager à vous réjouir du fait qu'il est votre ami, en choisissant d'agir en fonction de cette vérité. Voici les trois façons dont vous pouvez le faire:

1. Dites-vous: «Il m'accepte, même lorsque je ne me sens pas acceptable.» Souvenez-vous, durant cette semaine, que vous êtes le meilleur ami de Jésus, à cause de sa grâce et non parce que pour une raison ou une autre, vous méritez son amitié.
2. Parlez-lui, comme à un ami. Voilà ce qu'est la prière. Au moins une fois, cette semaine, prenez quelques minutes pour dire à Jésus ce qui se passe dans votre vie, encore plus que vous ne le feriez avec votre meilleur ami. Bien sûr, il sait déjà ce qui vous arrive. Mais c'est une autre démarche de lui parler comme à un ami de ce que vous vivez chaque jour.
3. Écoutez-le, comme un ami. Lorsque nous lisons la Bible, nous lisons le livre qu'il nous a donné. Cette semaine, écoutez pendant que vous lisez. Qu'est-ce que Dieu est en train de vous dire au sujet de son amour pour vous?

Commencez d'apprendre la carte de mémorisation n°3 «La vérité au sujet de Jésus».

Questions à discuter

1. Qu'est-ce que l'expression «avoir une relation avec Jésus» signifie pour vous?
2. Lorsque vous arriverez au ciel et que vous vous trouverez face à face avec le Jésus éternel:
   - Qu'aurez-vous envie de lui dire?
   - Quelles questions voudrez-vous lui poser?
   - Quelles émotions pensez-vous avoir?
3. Voici la question importante: qu'est-ce qui nous empêche de lui parler, de lui demander quelque chose ou de ressentir ces émotions dès à présent? Qu'est-ce qui se met en travers et nous empêche de ressentir le fait que Jésus est déjà notre meilleur ami? (Donnez des exemples de la manière dont vous avez franchi certaines de ces barrières).
4. Qu'avez-vous appris de nouveau sur Jésus dans cette étude?
5. À la fin de l'étude, nous avons vu trois manières d'agir, durant la semaine qui vient, selon la vérité que Jésus est notre ami: se souvenir du fait qu'il nous accepte comme un ami, lui parler comme à un ami, et l'écouter comme un ami. Laquelle de ces trois, pensez-vous, vous aiderait le plus à acquérir une nouvelle compréhension et appréciation de votre amitié avec Jésus? Pourquoi?

Réponses

priorité
défi
but
destinée
position
créé
ministère
enfance
ministère
Judée
Galilée
Jérusalem
corps ressuscité
régner
prie
univers
attend

Jésus
2e partie

Objectif qui transforme la vie

Acquérir une compréhension de la nature de Jésus, en tant que Dieu et en tant qu'homme, vous protègera contre les faux enseignements et vous aidera à placer votre foi en lui pour vos besoins spécifiques.

Que signifie que Jésus soit à la fois homme et Dieu?

Jésus. . .

- Un homme qui est devenu Dieu?
- Dieu habitant dans un homme?
- Dieu apparaissant sous les traits d'un homme?
- Un être spirituel à qui Dieu a ordonné de devenir un homme?
- Pleinement Dieu et pleinement homme?

Au commencement, la Parole existait déjà. La Parole était avec Dieu et la Parole était Dieu.

- Jean 1.1

Voici comment identifier l'Esprit de Dieu: tout esprit qui reconnaît que Jésus est le Messie venu en homme est de Dieu.

- 1 Jean 4.2

Jésus est Dieu

Comment savons-nous que Jésus est Dieu?

1. Jésus a dit qu'il était Dieu

Il appelait aussi Dieu son propre Père, se faisant lui-même égal à Dieu.

- Jean 5.18

Le Père et moi, nous sommes un.

- Jean 10.30

Celui qui m'a vu a vu le Père.

- Jean 14.9

Jésus leur dit: «En vérité, en vérité, je vous le dis, avant qu'Abraham soit né, je suis.»

- Jean 8.58

> Je voudrais empêcher quiconque de prononcer cette phrase vraiment insensée qu'on avance souvent au sujet de Jésus: «Je suis prêt à voir en Jésus un éminent maître de morale, mais je récuse sa prétention d'être Dieu.» C'est la chose à ne pas dire. Un homme qui ne serait qu'un homme et qui tiendrait les propos que tenait Jésus ne serait pas un grand professeur de morale. Ce serait soit un fou - tel l'individu affirmant qu'il est un oeuf poché - soit le Démon des enfers. Il vous faut choisir: ou bien cet homme était et reste le Fils de Dieu, ou bien il ne fut rien d'autre qu'un aliéné ou pire encore. Vous pouvez l'enfermer comme fou, lui cracher au visage et le tuer comme un démon; ou, au contraire, vous jeter à ses pieds et l'appeler Seigneur et Dieu. Mais ne vous laissez pas entraîner à favoriser ce non-sens, à savoir qu'il est un grand maître issu de l'humanité. Il ne nous a pas laissé cette possibilité. Il n'a pas eu cette intention.[1]
>
> – C. S. Lewis
>
> Josh McDowell a dit que Jésus est soit «un menteur, un lunatique ou alors le Seigneur.»[2]

2. ________________________ ont dit qu'il était Dieu

Cela a commencé par les prophéties sur la naissance de Jésus, avant qu'il ne soit né.

> On l'appelera. . . Dieu puissant.
>
> – Ésaïe 9.5

Cela continue avec ceux qui étaient le plus proche de lui, ses propres disciples.

> Afin qu'au nom de Jésus chacun plie le genou. . . et que toute langue reconnaisse que Jésus-Christ est le Seigneur.
>
> – Philippiens 2.10-11

Comparez Philippiens 2.10-11 avec ce qui est dit de Dieu dans Ésaïe.

> En effet, c'est moi qui suis Dieu et il n'y en a pas d'autre. . . Chacun pliera le genou devant moi et toute langue prêtera serment par moi.
>
> – Ésaïe 45.22 -23

> En effet, c'est en lui qu'habite corporellement toute la plénitude de la divinité.
>
> – Colossiens 2.9

> Au commencement, la Parole existait déjà. La Parole était avec Dieu et la Parole était Dieu. Elle était au commencement avec Dieu.
>
> – Jean 1.1-2

3. Il est ______________ comme Dieu (Mt 14.33; Ph 2.10; Hé 1.6)

- Beaucoup l'ont adoré: un lépreux guéri (Mt 8.2), des femmes (Mt 15.25), la mère de Jacques et de Jean (Mt 20.20), un démoniaque de Gadara (Mc 5.6), un homme aveugle (Jn 9.38).

- Il a accepté une telle adoration (Jn 20.28-29; Mt 14.33; 28.9–10).
- Ses disciples l'ont prié (Ac 7.59).

4. Il a fait ce que ________________ peut faire

- Il a le pouvoir de pardonner les péchés (Mc 2.1-12).
- Tout ____________ a été remis entre ses mains (Jn 5.27; Ac 17.31).
- Il envoie le Saint-Esprit (Jn 15.26).
- Il ressuscite les morts (Jn 5.25).
- Il est le ____________ (Jn 1.3; Col 1.16; Hé 1.10).
- Il est celui qui porte - qui soutient tout (Col 1.17; Hé 1.3).

Ce sont des faits, des faits soutenus par des preuves.

Quelles preuves soutiennent la déclaration de Jésus au sujet de sa divinité?

De toute évidence, n'importe qui pourrait se «proclamer» Dieu. La différence avec Jésus, c'est que sa vie appuie ces déclarations.

Preuve 1: ____

> [Jésus] leur dit: «C'est ce que je vous disais lorsque j'étais encore avec vous: il fallait que s'accomplisse tout ce qui est écrit à mon sujet dans la loi de Moïse, dans les prophètes et dans les psaumes.»
>
> \- Luc 24.44

Les versets de l'Ancien Testament énoncent la prophétie. Les versets du Nouveau Testament annoncent leur accomplissement.

1. Né d'une vierge (És 7.14; Mt 1.21-23).
2. Descendant d'Abraham (Gn 12.1-3; 22.18; Mt 1.1; Ga 3.16).
3. De la tribu de Juda (Gn 49.10; Lc 3.23, 33; Hé 7.14).
4. De la maison de David (2S 7.12-16; Mt 1.1).
5. Né à Bethléhem (Mi 5.2; Mt 2.1; Lc 2.4-7).
6. Emmené en Égypte (Os 11.1; Mt 2.14–15).
7. Hérode massacrant les enfants (Jr 31.15; Mt 2.16–18).
8. Oint du Saint-Esprit (És 11.2; Mt 3.16–17).
9. Annoncé par le messager du Seigneur (Jean-Baptiste) (És 40.3; Ml 3.1; Mt 3.1–3).
10. Il accomplira des miracles (És 35.5-6; Mt 9.35).
11. Il prêchera la bonne nouvelle (És 61.1; Lc 4.14-21).
12. Il exercera un ministère en Galilée (És 9 .1; Mt 4.12–16).
13. Il purifiera le temple (Ml 3.1; Mt 21.12–13).
14. Il entrera à Jérusalem comme un roi sur un ânon (Za 9.9; Mt 21.4–9).
15. Il sera rejeté par les Juifs (Ps 118.22; 1P 2.7).

16. Il mourra d'une mort humiliante (Ps 22; És 53) ce qui comprend:
    a. Le rejet (És 53.3; Jn 1.10-11; 7.5, 48).
    b. Trahison par un ami (Ps 41.9; Lc 22.3-4; Jn 13.18).
    c. Vendu pour trente pièces d'argent (Za 11.12; Mt 26.14–15).
    d. Silencieux devant ses accusateurs (És. 53.7; Mt 27.12–14).
    e. On s'est moqué de lui (Ps 22.7-8; Mt 27.31).
    f. Il a été battu (És 52.14; Mt 27.26).
    g. On a craché sur lui (És 50.6; Mt 27.30).
    h. Ses mains et ses pieds ont été percés (Ps 22.16; Mt 27.31).
    i. Il a été crucifié avec des voleurs (És 53.12; Mt 27.38).
    j. Il a prié pour ses persécuteurs (És 53.12; Lc 23.34).
    k. Son côté a été percé (Za 12.10; Jn 19.34).
    l. On lui a donné à boire du vinaigre mêlé de fiel (Ps 69. 21; Mt 27.34; Lc 23.36).
    m. Aucun de ses os n'a été brisé (Ps 34.20; Jn 19.32-36).
    n. Il a été placé dans le tombeau d'un homme riche (És 53.9; Mt 27.57–60).
    o. Ses vêtements ont été tirés au sort (Ps 22.18; Jn 19.23-24).
17. Il ressuscitera des morts (Ps 16.10; Mc 16.6; Ac 2.31).
18. Il est monté au ciel (Ps 68.18; Ac 1.9).
19. Il s'assiéra à la droite de Dieu (Ps 110.1; Hé 1.3).

Zoom

Certaines personnes appellent l'accomplissement de ces prophéties un «accident de statistiques». Il lui est «simplement arrivé» de naître à Bethléem, d'être de la descendance de David, etc. Il y a deux réponses à cet argument. Premièrement, ces prédictions étaient plus qu'une question de hasard. Il lui est «arrivé par hasard» d'ouvrir les yeux d'un aveugle. Il lui est «simplement arrivé» de ressusciter quelqu'un d'entre les morts. C'est bien au-delà des statistiques de probabilités!

La deuxième réponse se trouve dans le grand nombre de prophéties qui se sont accomplies. Peter Stoner, dans son livre *Science Speaks* [La science parle] a calculé les probabilités mathématiques pour que huit de ces prophéties puissent s'accomplir chez un seul homme.

> Nous parvenons à la conclusion que les possibilités pour qu'un seul homme, qui aurait vécu jusqu'à aujourd'hui, et accomplisse les huit prophéties, est de 1 sur 10^{17}.

> Nous parvenons à la conclusion que les possibilités pour qu'un seul homme, qui aurait vécu jusqu'à aujourd'hui, et accomplisse les huit prophéties, est de 1 sur 10^{17}.

Cela représente une chance sur 100'000'000'000'000'000. Pour que nous puissions comprendre cette probabilité, Stoner l'illustre de la façon suivante:

> Prenons l'équivalent en pièces de un euro, et répandons-les sur l'ensemble du territoire français. Elles couvriraient toute la surface de la France, sur une épaisseur de 60 cm. Marquons une de ces pièces de un euro, et remuons la totalité de la masse de pièces, dans toute la France. Mettons un bandeau sur les yeux d'un homme, qui va pouvoir se déplacer partout où il veut, mais qui doit trouver la pièce marquée d'un euro. Quelle probabilité a-t-il de trouver la bonne? La même que les prophètes avaient d'écrire ces huit prophéties et de les voir accomplies par un seul homme, de leur époque au jour présent, s'ils avaient écrit cela avec leur propre sagesse.[3]

De plus, Jésus n'a pas simplement accompli huit prophéties, il a accompli plus de 300 prophéties spécifiques annoncées sur sa vie dans l'Ancien Testament!

Preuve 2: ses ________________________

Lorsqu'on lui a demandé des preuves, Jésus a mentionné les miracles.

> Arrivés vers Jésus, ils dirent: «Jean-Baptiste nous a envoyés vers toi pour te demander: 'Es-tu celui qui doit venir ou devons-nous en attendre un autre?'». . . Puis il leur répondit: «Allez rapporter à Jean ce que vous avez vu et entendu: les aveugles voient, les boiteux marchent, les lépreux sont purifiés, les sourds entendent, les morts ressuscitent, la bonne nouvelle est annoncée aux pauvres.»
>
> – Luc 7.20, 22

«Les aveugles voient» (Mt 9.27-31; Lc 18.35-43; 8.22-26)

«Les boiteux marchent» (Mt 9.2-7)

«Les lépreux sont purifiés» (Mt 8.2-3; Lc 17.11-19)

«Les sourds entendent» (Mc 7.31-37)

«Les morts ressuscitent» (Mt 9.18-19, 23-25; Lc 7.11-15; Jn 11.1-44)

«La bonne nouvelle est annoncée» (Mt 11.5)

Preuve 3: sa ________________________

Jésus non seulement l'avait annoncé, mais il avait donné le nombre de jours!

> Jésus leur répondit: «Détruisez ce temple et en 3 jours je le relèverai.»
>
> – Jean 2.19

> En effet, de même que Jonas fut trois jours et trois nuits dans le ventre d'un grand poisson, de même le Fils de l'homme sera trois jours et trois nuits dans la terre.
>
> – Matthieu 12.40

> Alors il commença à leur enseigner qu'il fallait que le Fils de l'homme souffre beaucoup, qu'il soit rejeté par les anciens, par les chefs des prêtres et par les spécialistes de la loi, qu'il soit mis à mort et qu'il ressuscite trois jours après.
>
> – Marc 8.31

Il a proclamé son autorité sur la résurrection.

> Le Père m'aime, parce que je donne ma vie pour la reprendre ensuite. Personne ne me l'enlève, mais je la donne de moi-même. J'ai le pouvoir de la donner et j'ai le pouvoir de la reprendre. Tel est l'ordre que j'ai reçu de mon Père.
>
> – Jean 10.17-18

Jésus est homme

Comment savons-nous que Jésus est homme?

1. Il a eu une __________________ humaine (És 7.14-16; Mt 1.23; Ga 4.4).

   (Né d'une femme vierge)

2. Il a montré une __________________ humaine (Lc 2.52).

   Notez les quatre domaines humains dans lesquels Jésus a grandi:

   - __________________
   - __________________
   - __________________
   - __________________

3. Il a expérimenté des __________________ humaines.

   Jésus a expérimenté:

   - le chagrin (Jn 11.35)
   - la peine (Mt 26.38)
   - la stupeur (Mt 8.10)
   - l'amour (pour un incroyant: Mc 10.21; pour ses amis: Jn 11.5; pour ses disciples: Jn 13.1; pour sa mère: Jn 19.26-27)
   - l'étonnement (Mc 6.6)
   - la détresse (Mc 14.33)
   - la compassion (Mc 1.41)
   - la colère (Mc 3.5)

4. Il a eu des ____________________ et des ____________________ humains:
   - il fut fatigué (Jn 4.6; Mc 4.38)
   - il a eu faim (Mt 4.2)
   - il a eu soif (Jn 19.28)
   - il était en agonie (Lc 22.44)
   - il a été tenté (Mt 4.1-11)
   - il est mort (Lc 23.46)

Une parole à propos

Incarnation

Le mot *incarnation* vient du latin qui signifie «se vêtir de chair». Lorsque Jésus est né à Bethléhem, ce fut l'incarnation de Dieu dans le monde. Dieu est venu à nous en chair et en os.

Jésus est pleinement Dieu et pleinement homme

Le concile de Calcédoine était composé d'un groupe d'hommes qui furent convoqués en 451 ap. J.C. pour traiter la question du faux enseignement de cette époque sur la nature de Jésus. Examinez leur affirmation célèbre sur la vérité selon laquelle Jésus est pleinement Dieu et pleinement homme.

Jésus existe «en deux natures qui existent sans confusion, sans changement, sans division, sans séparation, la différence des natures n'étant en aucun cas annulée par l'union, mais plutôt, les propriétés de chacune étant préservées, et à la fois coïncidant dans une seule personne.»

Magnifique! Qu'est-ce que cela veut dire?

- Jésus est devenu 100 pour cent Dieu et 100 pour cent homme, 100 pour cent du temps (ce n'est pas une excellente mathématique, mais c'est de l'excellente théologie).
- Jésus n'était pas Dieu habitant un homme. Ce n'était pas un homme qui est devenu Dieu. Ce n'est pas Dieu apparaissant sous une forme humaine. Il a réuni les deux natures en une seule personne: il était pleinement Dieu et il était pleinement homme.
- Jésus est une humanité parfaite englobant une divinité non diminuée.

Une parole à propos

L'union hypostatique

Il s'agit de l'union de la divinité non diminuée et de l'humanité parfaite, pour toujours, en une seule personne. Cela signifie que Jésus est non seulement devenu Dieu et homme mais qu'il sera pour toujours Dieu et homme.

1. Jésus a toujours été Dieu (Jn 1.2).
2. Jésus est devenu homme tout en continuant à être Dieu (Jn 1.14).
3. Jésus continue à exister comme Dieu et homme (Ac 1.9-11).

Jésus s'est limité en devenant pleinement homme.

Mais...

Jésus ne s'est pas amoindri: il est demeuré pleinement Dieu.

Jésus s'est limité

- en prenant la forme d'un homme (Ph 2.6-8)
- en limitant sa présence à un endroit à la fois
- en prenant une position dans laquelle le Père était «plus grand» (Jn 14.28)
- en limitant sa connaissance (Mt 24.36)

L'idée que Jésus était limité tout en étant Dieu, est difficile à saisir. Dans ces moments-là, il est bon de réaliser que Dieu est tellement plus grand que nous, c'est pourquoi certaines de ces vérités le concernant sont difficiles à saisir.

Jésus ne s'est pas diminué

- Il était pleinement Dieu, même lorsqu'il marchait sur cette terre.
- La décision de naître comme un homme, de marcher sur cette terre et de mourir sur une croix, il l'a prise en tant que membre de la Trinité.

Même pendant qu'il était sur terre, il s'est limité par choix: Il aurait pu changer les pierres en pain lorsque Satan lui a dit de le faire (Lc 4.3). Il aurait pu appeler 72'000 anges pour le sauver de la croix (Mt 26.53), mais il a choisi de ne pas le faire.

Perspective personnelle

Philippiens 2.5-11 est un des passages les plus passionnants de la Bible concernant le désir de Jésus de devenir un homme. En le lisant, notez qu'il dit au début: «Que votre attitude soit identique à celle de Jésus-Christ.» De quoi Paul est-il en train de parler? Quelle attitude transparaît au travers du désir de Jésus de devenir un homme?

Les versets 3-4 indiquent plusieurs points spécifiques concernant cette attitude:

- ne faites rien par ambition charnelle
- n'agissez pas par vaine gloire
- considérez les autres comme meilleurs que vous-même
- ne cherchez pas simplement votre propre intérêt
- cherchez aussi celui des autres

Cette attitude, c'est l'__________________.

Étant pleinement homme, Jésus nous montre qu'il __________________ nos besoins.

Étant pleinement Dieu, Jésus nous montre qu'il __________________ à nos besoins.

Terminez d'apprendre la carte de mémorisation n°3 «La vérité au sujet de Jésus».

Questions à discuter

1. En quoi votre amitié avec d'autres chrétiens vous a-t-elle aidée à voir l'amour de Dieu d'une toute nouvelle façon?
2. Partagez votre expérience de la semaine dernière concernant le fait d'agir en fonction de la vérité que Jésus est votre meilleur ami. De quelle manière ressentez-vous la proximité et l'amitié de Jésus comme faisant partie de votre vie quotidienne? En quoi avez-vous été frustré et avez-vous souhaité pouvoir ressentir combien Jésus était proche de vous? (N'ayez pas peur de partager vos frustrations; elles seront un encouragement pour ceux qui ont vécu la même chose la semaine passée).
3. Laquelle des trois preuves montrant que Jésus est Dieu vous paraît personnellement la plus forte? Pourquoi pensez-vous que cette preuve soit la plus importante?

4. Malgré ces preuves, beaucoup de gens ont encore du mal à croire. Quelle est la différence entre les preuves réelles et une foi personnelle? Devons-nous avoir la foi sans nous appuyer sur aucune preuve? Est-ce qu'une preuve garantit que nous auront la foi?

5. Que vous est-il plus difficile à admettre: le fait que Jésus soit complètement Dieu, ou le fait que Jésus soit complètement homme?

   Généralement, les non croyants ont du mal à considérer que Jésus soit Dieu, et les chrétiens ont du mal à voir le côté humain de Jésus.

6. Nous savons que Jésus peut s'identifier à nos luttes et nos faiblesses parce qu'il est devenu un être humain. En ce moment, quels sont les domaines dans lesquels vous êtes heureux de savoir qu'il est capable de s'identifier avec vous?

Fatigue	Tentations	Émotions	Déception
Trahison	Relations	Stress	Autre: ________________

7. La vie de Jésus était entièrement consacrée à servir les autres. Ceux qui s'approchent de lui finissent par lui ressembler de plus en plus, désireux de servir les autres. Qui aurait besoin de vos services, la semaine qui vient? Inutile que ce soit forcément quelque chose d'extraordinaire.

   Dans Matthieu 10.42, Jésus a dit: «Et si quelqu'un donne à boire ne serait-ce qu'un verre d'eau froide à l'un de ces petits parce qu'il est mon disciple, je vous le dis en vérité, il ne perdra pas sa récompense.»

   Cette semaine, cherchez à agir au nom de Jésus, même dans des petites choses. Vous n'avez pas besoin de *dire* aux gens que vous aidez que vous le faites au nom de Jésus. «Je vous apporte cette tasse de café, non dans ma nature humaine, mais au nom de mon Seigneur et Sauveur Jésus-Christ!» Non! Faites-le simplement, sans attirer l'attention sur vous.

Pour aller plus loin

Philip Yancey, *Ce Jésus que je ne connaissais pas*, Éditions Farel, 2001.
Lee Strobel, *Jésus: la parole est à la défense*, Éditions Vida, 2001.
A. Hodgkin, *Christ dans toutes les Ecritures*, Éditeur de littérature biblique, 1987.
S. Olyott, *Fils de Marie, fils de Dieu*, Europresse, 1998.
Tom Wright, *Jésus: retour aux sources*, Éditions Excelsis, 1998.
John Piper, *Jésus prendre plaisir à le découvrir*, La Maison de la Bible, 2007.
Max Lucado, *Comme Jésus*, Éditions Clé, 2000.

Réponses

D'autres
adoré
seul Dieu
jugement
créateur
l'accomplissement des prophéties
miracles
résurrection
naissance
croissance
intellectuel
physique
spirituel
social
émotions
expériences, besoins
humilité
comprend
répond

Le Saint-Esprit

1ère partie

Objectifs qui transforment la vie

- Acquérir une nouvelle sécurité dans votre relation avec Dieu, basée sur la présence de son Esprit dans votre vie.
- Voir avec les yeux de la foi de quelle manière le Saint-Esprit est à l'œuvre dans votre vie.

Le Saint-Esprit paraît mystérieux à la plupart d'entre nous. Nous ne pouvons lui donner de forme humaine. Les symboles utilisés pour le représenter dans les Écriture (huile, feu, vent, colombe) ne nous aident pas beaucoup. La Bible nous enseigne que le Saint-Esprit, doit être adoré, aimé et obéi comme Dieu le Père et Dieu le Fils. Nous pouvons apprendre à le connaître personnellement.

Révision des vérités au sujet de Dieu:

1. Dieu se met en relation avec nous en tant que Trinité, trois personnes en un seul être.
2. Dieu est un, il n'est pas trois dieux, mais un seul Dieu (Dt 6.4).
3. Le Père est Dieu, le Fils est Dieu, et l'Esprit est Dieu.
4. Les trois sont distincts les uns des autres, séparés, mais un seul être.

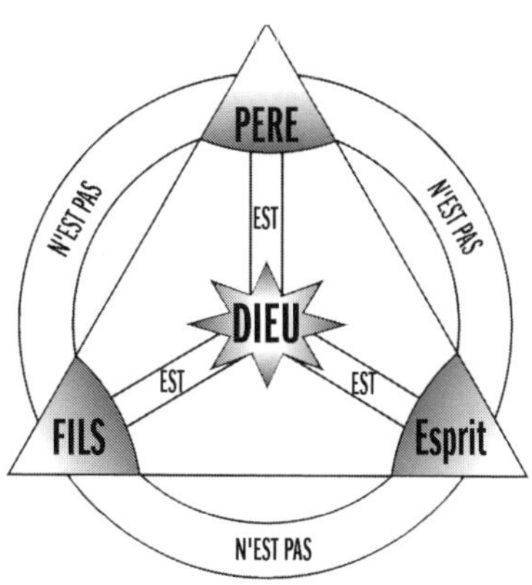

Arrière-plan historique

Dans l'Ancien Testament, le Saint-Esprit est venu sur les gens à différente périodes dans un but précis. Il n'a jamais habité quelqu'un de façon ______.

Graphique linéaire temporel

Ancien Testament **Nouveau Testament**

Joël 2.28

Jean 6.7 et Actes 1.5 se rejoignent dans Actes 2

1 Corinthiens 12.13

Quel est le rôle du Saint-Esprit aujourd'hui?

Le Saint-Esprit me ______

Définition: ______

> Jésus lui répondit: «En vérité, en vérité, je te le dis, à moins de naître de nouveau, personne ne peut voir le royaume de Dieu.»
>
> – Jean 3.3

> Il nous a sauvé. Et il ne l'a pas fait à cause des actes de justice que nous aurions pu accomplir, mais conformément à sa compassion, à travers le bain de la nouvelle naissance et le renouvellement du Saint-Esprit.
>
> – Tite 3.5

Avant que je ne vienne à Christ, j'étais ______.

Aujourd'hui, je suis ______ grâce à la nouvelle naissance.

> C'est l'Esprit qui fait vivre, l'homme n'arrive à rien. Les paroles que je vous dis sont Esprit et vie.
>
> – Jean 6.63

Le Saint-Esprit me ______

1. Le baptême du Saint-Esprit intègre le chrétien au ______ ______ et en ______.

En effet, que nous soyons juifs ou grecs, esclaves ou libres, nous avons tous été baptisés dans un seul Esprit pour former un seul corps et nous avons tous bu à un seul Esprit.

- 1 Corinthiens 12.13

Il y a 150 références dans le Nouveau Testament disant que nous sommes «en Christ» (Ép 1.13).

2. Le baptême du Saint-Esprit est un ____________________ se produisant au moment du salut.
3. Le baptême du Saint-Esprit est une ____________________ pour les chrétiens.

Vous êtes tous fils de Dieu par la foi en Jésus-Christ; en effet, vous tous qui avez été baptisés en Christ, vous vous êtes revêtus de Christ.

- Galates 3.26-27

Nous avons tous été baptisés. . . et nous avons tous bu à un seul Esprit.

- 1 Corinthiens 12.13

Le baptême du Saint-Esprit est un don universel accordé aux chrétiens. Il n'apparaît nulle part dans la Bible une injonction adressée aux chrétiens de désirer ou de rechercher le baptême du Saint-Esprit. Nous ne devons pas prier pour cela, le chercher ou essayer de l'atteindre. Nous en bénéficions déjà.

Remarque: Une bonne part de la confusion concernant le baptême du Saint-Esprit vient de l'absence de distinction entre le baptême du Saint-Esprit et la plénitude du Saint-Esprit. Dieu nous accorde le baptême du Saint-Esprit lorsque nous établissons une relation avec Jésus-Christ. La plénitude du Saint-Esprit, elle, est une expérience quotidienne que nous expérimentons lorsque nous nous soumettons au contrôle du Saint-Esprit. Nous discuterons plus en détails de la plénitude du Saint-Esprit au cours de notre prochaine session.

Le Saint-Esprit ____________________ en moi

Ne le savez-vous pas? Votre corps est le temple du Saint-Esprit qui est en vous et que vous avez reçu de Dieu.

- 1 Corinthiens 6.19

Le Saint-Esprit est venu vivre en nous!

Le Saint-Esprit me ____________________

En lui vous aussi, après avoir entendu la parole de la vérité, l'Evangile qui vous sauve, en lui vous avez cru et vous avez été marqués de l'empreinte du Saint-Esprit qui avait été promis.

- Éphésiens 1.13

Le sceau est un signe de ____________________ et de ____________________.

Le Saint-Esprit est ________________________________

Il est le gage de notre héritage en attendant la libération de ceux que Dieu s'est acquis pour célébrer sa gloire.

- Éphésiens 1.14

Et celui qui nous a préparés pour cela, c'est Dieu, qui nous a donné le gage de l'Esprit.

- 2 Corinthiens 5.5

Si nous sommes infidèles, lui reste fidèle, car il ne peut se renier lui-même.

- 2 Timothée 2.13

Perspective personnelle

1. Vous avez peut-être pris conscience que vous n'êtes jamais né de nouveau; vous n'avez jamais expérimenté la régénération du Saint-Esprit. Dans ce cas, approchez-vous de Dieu, repentez-vous d'avoir vécu égoïstement, et demandez-lui de vous faire naître de nouveau et de vous accorder la vie éternelle avec lui.
2. Vous avez peut-être eu des questions à propos du baptême du Saint-Esprit. Vous avez prié et aspiré à une autre expérience avec Dieu qui vous transformerait définitivement. Vous constatez à présent que le miraculeux a déjà commencé à agir en vous. Remerciez le Seigneur de vous avoir placé en Christ ; là, vous faites partie de la famille de Dieu. Remerciez-le pour son travail en vous qui est si puissant et complet que vous n'aurez plus besoin de le refaire. Remerciez Dieu, parce que vous êtes en Christ, et qu'à ses yeux vous êtes maintenant recouvert de la justice de Jésus. Vous êtes pur, sans tache et saint devant lui.
3. Remerciez le Seigneur de ce que sa promesse est fidèle et que son engagement à vous garder avec lui pour toujours est véritable. Remerciez le Saint-Esprit de vous avoir scellé afin que vous soyez gardé et que vous ne perdiez pas votre salut. Prenez un moment pour réfléchir au moment où vous recevrez tout ce qui vous a été promis; lorsque l'anneau de fiançailles de Dieu deviendra un anneau de mariage et vous vous assiérez avec lui dans les cieux, pour le repas de noces de l'agneau.

Commencez d'apprendre la carte de mémorisation n°4 «La vérité au sujet du Saint-Esprit».

Annexe

Le Saint-Esprit a commencé une nouvelle œuvre le jour de la Pentecôte qui continue à ce jour. Avant la résurrection de Jésus et son ascension au ciel, le Saint-Esprit venait sur certaines personnes de temps à autre, mais il ne demeurait jamais en elles.

Le prophète Joël a prophétisé qu'un jour, Dieu «déverserait son Esprit sur tout être humain» (Joël 3.1). Jésus a promis à ses disciples qu'il leur enverrait son Esprit après être retourné auprès du Père.

> Cependant, je vous dis la vérité: il vaut mieux pour vous que je m'en aille. En effet, si je ne m'en vais pas, le défenseur ne viendra pas vers vous; mais, si je m'en vais, je vous l'enverrai.
>
> - Jean 16.7

Dix jours après que Jésus soit monté au ciel, 120 croyants étaient réunis dans une chambre haute à attendre et à prier. Soudain, un son comme celui d'un vent puissant remplit l'endroit et des langues de feu vinrent se poser sur chaque croyant. Tous furent remplis du Saint-Esprit et commencèrent à parler en d'autres langues selon que l'Esprit les en rendait capables (Actes 2.1-4).

Un peu plus tard dans la journée, alors que Pierre expliquait ce qui s'était passé à une plus grande foule, il fit référence à ce don comme le «don du Saint-Esprit». Il encouragea son auditoire à se repentir, à être baptisé et à recevoir le Saint-Esprit (Actes 2.38). La compréhension de Pierre de la prophétie de Joël était double: non seulement le salut était promis à ceux que le Seigneur appelle, mais ils devaient également recevoir le don du baptême de l'Esprit. Trois mille personnes répondirent ce jour-là à ses paroles et furent baptisés d'eau (Actes 2.41).

Il ne semble pas que ces trois mille autres personnes aient expérimenté les mêmes phénomènes miraculeux (le vent violent, les langues de feu ou le parler en langues étrangères) que les 120 personnes qui se trouvaient dans la chambre haute. Quelle était la différence? Les 120 étaient déjà croyants et avaient reçu le baptême de l'Esprit quelques mois ou années auparavant, lorsqu'ils s'étaient mis à suivre Jésus. Les autres trois mille étaient des non-croyants qui recevaient simultanément le pardon de leurs péchés et le don de l'Esprit. Cette distinction est nécessaire car la norme pour les chrétiens d'aujourd'hui est celle des trois mille et non celle des 120. Le fait que l'expérience des 120 s'est effectuée en deux parties est simplement dû à des circonstances historiques: ils ne pouvaient pas recevoir le don de Pentecôte avant Pentecôte. Par la suite, après le jour de la Pentecôte, le pardon des péchés et le don (c'est-à-dire le baptême) de l'Esprit étaient reçus ensemble.

Deux autres «exceptions» rendent un peu les chrétiens perplexes: ce sont les récits que l'ont trouve dans Actes 8 et Actes 19.

Dans Actes 8.5-17, Philippe prêche à Samarie. Beaucoup de gens ont cru et ont reçu le baptême. Pourtant, ce qui est inhabituel, c'est que lorsque les apôtres de Jérusalem ont entendu cela, ils ont envoyé Pierre et Jean vérifier les faits. Une des raisons à cela, c'est parce que ces croyants étaient Samaritains et qu'à cette époque, les Juifs n'avaient «pas de relations avec les Samaritains» (Jean 4.9). Leur rivalité durait depuis des siècles et aurait perduré, causant de grandes divisions dans l'Église. Il est probable que Dieu ait retenu le don de son Esprit vis-à-vis des croyants samaritains, jusqu'à ce que deux des apôtres responsables fassent une investigation, en leur imposant les mains, reconnaissant et confirmant ainsi l'authenticité de leur conversion. Désormais, il n'y a pas de norme d'expérience à deux vitesses ou d'imposition des mains pour recevoir l'Esprit de Dieu.

Dans Actes 19.1-7, les douze hommes que Paul rencontra ne semblaient pas être chrétiens. On les appelait des «disciples», mais l'histoire révèle qu'ils étaient disciples de Jean-Baptiste. Paul leur demanda s'ils avaient reçu le Saint-Esprit lorsqu'ils avaient cru, ce qui indique qu'au premier abord, il pensait qu'ils étaient croyants. Mais ils n'avaient jamais entendu parler du Saint-Esprit ni de «Celui qui devait venir» c'est-à-dire de Jésus. Paul leur a non seulement imposé les mains, mais il les a fait baptiser au nom du Seigneur Jésus. Est-ce que quelqu'un qui n'a jamais entendu parler du Saint-Esprit, n'a pas été baptisé en Christ, et qui apparemment ne croit pas encore en lui peut être considéré chrétien? Non. Ces disciples de Jean ne peuvent certainement pas être considérés comme correspondant à la description du chrétien d'aujourd'hui.

Nous ne recevons pas Dieu en plusieurs «morceaux». Dieu n'est pas trois dieux: il est unique. Vous recevez Jésus lorsque vous recevez Dieu, lorsque vous recevez le Saint-Esprit. Vous ne les recevez pas un à la fois. Ils sont trois en un; ils viennent ensemble.

Au travers des trois «venues» du Saint-Esprit dans le livre des Actes, Dieu voulait montrer que les Juifs, les Samaritains (dont certains étaient Juifs et d'autres païens), et les païens avaient tous une place dans son corps. Le christianisme n'était pas simplement une religion destinée aux Juifs seuls. Cela confirme la vérité contenue dans Actes 1.8, selon laquelle l'Évangile pratirait de Jérusalem jusqu'en Judée, en Samarie et aux extrémités de la terre.

Questions à discuter

1. Dans notre vie chrétienne, nous avons souvent tendance à nous concentrer sur la distance qui nous reste à parcourir plutôt que sur celle que le Seigneur a déjà parcourue pour nous. Partagez avec ceux de votre groupe un ou deux exemples de l'œuvre de Dieu dans votre vie.

2. Pourquoi pensez-vous que beaucoup d'entre nous avons tendance à penser que le Saint-Esprit est impersonnel (au lieu de proche) et parfois même qu'il représente une partie «moindre» de la Trinité?

3. Lisez à nouveau Jean 3.1-16. Pourquoi pensez-vous qu'il était aussi difficile pour un homme religieux comme Nicodème de comprendre le principe de la nouvelle naissance spirituelle? Est-ce que les paroles de Jésus vous aident à mieux saisir ce que signifie être né de l'Esprit?

4. Le mot *baptisé* signifie littéralement «totalement immergé». Que signifie pour vous, d'être immergé dans l'Esprit de Dieu? Votre perception des autres chrétiens change-t-elle lorsque vous êtes conscient que vous êtes totalement immergé dans l'Esprit de Dieu?

5. Le sceau du Saint-Esprit est une merveilleuse garantie de sécurité pour notre vie de chrétien. Dans quel domaine de votre vie avez-vous régulièrement besoin de puiser dans ce compte de sécurité?

6. 2 Corinthiens 3.3 nous rappelle:

   > Il est clair que vous êtes une lettre de Christ écrite par notre ministère, non avec de l'encre mais avec l'Esprit du Dieu vivant, non sur des tables de pierre mais sur des tables de chair, sur les coeurs.
   >
   > – 2 Corinthiens 3.3

   Comment voyez-vous Dieu «écrire sur les cœurs» de ceux qui se trouvent dans votre groupe? Prenez quelques instants en faire une expression personnelle d'encouragement.

   Faites le tour de votre groupe et dites à chaque personne, une à la fois: «Voici comment je vois l'Esprit de Dieu agir dans votre vie.» Deux ou trois personnes peuvent intervenir pour chacun. Cela pourra paraître un peu inconfortable au début. Pourtant, si nous encourageons quelqu'un lorsqu'il marque un but ou qu'il reçoit une promotion au travail, combien plus important est-il de reconnaître l'œuvre de Dieu dans la vie des autres.

Réponses

diverses
spécifique
permanente
régénère
donner la nouvelle naissance
spirituellement mort
spirituellement vivant
baptise
corps de Christ
Christ lui-même
événement unique
expérience universelle
habite
scelle
propriété
protection
le gage de la promesse de Dieu

Le Saint-Esprit

2e partie

Objectifs qui transforment la vie

- Avoir une meilleure compréhension de la différence entre le baptême du Saint-Esprit et la plénitude du Saint-Esprit.
- Commencer à reconnaître et à vivre la vérité personnelle de la plénitude de l'Esprit de Dieu.

Rappel

Avant la résurrection de Jésus et son ascension au ciel, le Saint-Esprit se posait sur certains individus à des moments précis ou pour une raison particulière. Il n'a jamais habité une personne de façon permanente. Mais la prophétie de l'Ancien Testament dans Joël 2 .28 a été accomplie le jour de la Pentecôte, lorsque le Saint-Esprit fut déversé sur ceux qui croyaient en Jésus-Christ. Depuis ce jour, tous les chrétiens sont baptisés du Saint-Esprit au moment de leur conversion.

Voici quatre aspects de l'œuvre du Saint-Esprit en nous: la régénération, le baptême, l'habitation et le sceau.

1. La régénération est un autre terme pour la «nouvelle naissance». Lorsque je suis venu à Christ, j'ai vécu une nouvelle naissance: je suis né de nouveau.
2. Le baptême du Saint-Esprit c'est:
   a. Dieu qui m'intègre au corps de Christ (l'Église) et en Christ lui-même;
   b. un événement qui se produit une fois pour toutes, qui prend place au moment du salut;
   c. une expérience universelle pour les chrétiens (1Co 12.13);
   d. recevoir Dieu dans sa plénitude en une seule fois: je ne reçois pas Dieu le Père un jour, Jésus un peu plus tard et le Saint-Esprit à un autre moment. Dieu est une Trinité: trois en un.
3. Le fait que le Saint-Esprit demeure en moi signifie que Dieu vient vivre personnellement en moi.
4. Être scellé du Saint-Esprit signifie que Dieu place sa marque de propriété et de protection sur ma vie.

5. Le Saint-Esprit est un dépôt, une garantie que tout ce qui m'a été promis de Dieu sera un jour accompli.

Dans cette étude, nous allons examiner ensemble la plénitude du Saint-Esprit.

Notre besoin de la plénitude du Saint-Esprit

La Bible dit que tout le monde se trouve dans l'un des trois états spirituels suivants:[2]

L'homme ______________________

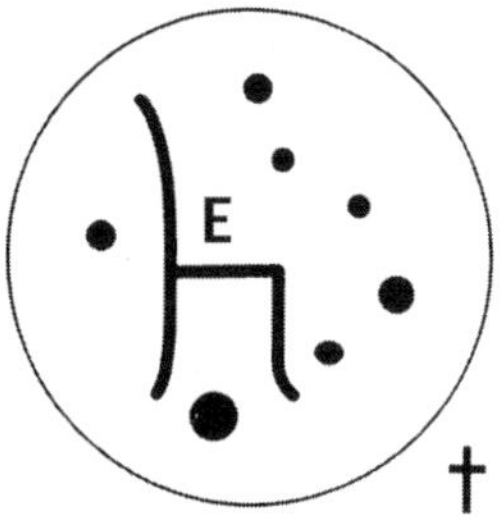

> Quant à vous, vous étiez morts à cause de vos fautes et de vos péchés, que vous pratiquiez autrefois conformément à la façon de vivre de ce monde, conformément au prince de la puissance de l'air, de l'esprit qui est actuellement à l'oeuvre parmi les hommes rebelles.
>
> – Éphésiens 2.1-2

> Mais l'homme naturel n'accepte pas ce qui vient de l'Esprit de Dieu, car c'est une folie pour lui; il est même incapable de le comprendre, parce que c'est spirituellement qu'on en juge.
>
> – 1 Corinthiens 2.14

L'homme ______________________

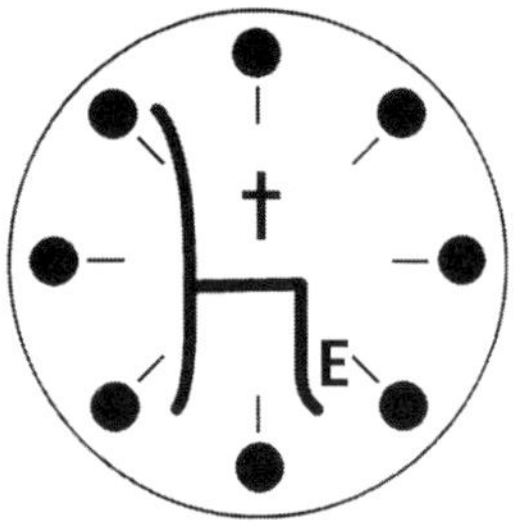

> L'homme dirigé par l'Esprit, au contraire, juge de tout et n'est lui-même jugé par personne.
>
> – 1 Corinthiens 2.15

> De fait, la nature humaine tend vers la mort, tandis que l'Esprit tend vers la vie et la paix.
>
> – Romains 8.6

L'homme ______________________

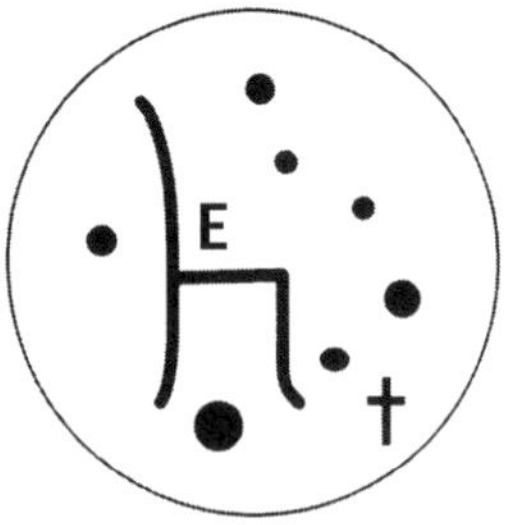

> Pour ma part, frères et soeurs, je n'ai pas pu vous parler comme à des personnes dirigées par l'Esprit, mais comme à des personnes dirigées par leur nature propre, comme à de petits enfants en Christ. Je vous ai donné du lait, non de la nourriture solide, car vous ne pouviez pas la supporter. D'ailleurs, même maintenant vous ne le pouvez pas parce que vous êtes encore animés par votre nature. En effet, puisqu'il y a parmi vous de la jalousie, des disputes et des divisions, n'êtes-vous pas dirigés par votre nature propre et ne vous conduisez-vous pas d'une manière tout humaine?
>
> – 1 Corinthiens 3.1-3

Dans Romains 7, le mot *Je* est utilisé vingt-sept fois. Dans Romains 8, le mot *Esprit* est utilisé dix-neuf fois. Qu'est-ce qui fait la différence entre la défaite qui caractérise Paul dans Romains 7 et la victoire qu'il décrit dans Romains 8? La plénitude du Saint-Esprit.

Qu'est-ce que la plénitude du Saint-Esprit?

> Ne vous enivrez pas de vin: cela mène à la débauche. Soyez au contraire remplis de l'Esprit: dites-vous des psaumes, des hymnes et des cantiques spirituels; chantez et célébrez de tout votre coeur les louanges du Seigneur; remerciez constamment Dieu le Père pour tout, au nom de notre Seigneur Jésus-Christ; soumettez-vous les uns aux autres dans la crainte de Dieu.
>
> – Éphésiens 5.18-21

Quatre vérités dans Éphésiens 5.18-21

La construction grammaticale de ces versets implique quatre vérités:

1. Le verbe utilisé pour «remplis» est au pluriel ce qui implique que ________________________________.
2. Le verbe utilisé pour «remplis» est au présent (être rempli, maintenant), ce qui implique une ________________________________.
3. Le verbe «remplir» est formulé à la voix passive, impliquant que la plénitude est ________________________________.
4. Le verbe «soyez remplis» est un impératif, il implique ________________________________.

Baptême du Saint-Esprit	Plénitude du Saint-Esprit
Une vérité concernant notre position*	Une vérité à expérimenter*
Pas ordonné	Un commandement
Un événement unique	Un événement continuel
Place le chrétien dans une position pour recevoir une puissance	La puissance elle-même

* La vérité concernant notre position indique ce que nous sommes à cause de notre foi en Christ. La vérité expérimentée est la façon dont nous vivons sur la base de cette position. L'une est la racine, l'autre en est le fruit.

Les signes de la plénitude du Saint-Esprit

Il y a souvent une confusion au sujet des «signes» qui indiquent qu'une personne est remplie du Saint-Esprit. Nous allons examiner ce point en trois sections: les expériences qui accompagnent ou non la plénitude, les fausses idées sur la plénitude et les véritables signes de la plénitude de l'Esprit.

Expériences personnelles qui peuvent accompagner ou non la plénitude

Émotions: les émotions ou les sentiments ne sont pas nécessairement indicateurs de plénitude.

Des capacités exceptionnelles: Dieu va agir dans le cadre de nos limites et de nos capacités naturelles.

Un don personnel: peut être confondu avec la plénitude.

Tranquillité de la pensée ou du cœur: de grands chrétiens remplis de l'Esprit ont expérimenté des frustrations, du découragement et des déceptions.

Les langues: à travers l'histoire, certains chrétiens ont parlé en langues, lorsqu'ils étaient remplis, et d'autres non.

Faux enseignements sur l'état de plénitude

Plus aucun problème : la plénitude ne fait pas disparaître tous les problèmes. Elle nous donne la force et la sagesse pour mieux faire face à nos problèmes. L'apôtre Paul en est un exemple (2Co 6.3-10).

Libéré de toute tentation: Jésus a fait été confronté à une des plus grandes tentations de tous les temps, immédiatement après que le Saint-Esprit soit venu sur lui après son baptême. Certaines personnes qui vivent de la plénitude de l'Esprit sont soumis à plus de tentations qu'auparavant.

Perfection sans péché: de toute évidence, ce n'est pas vrai. Tous les chrétiens pèchent et doivent recevoir le pardon de Dieu ainsi qu'une nouvelle plénitude chaque jour.

Signes bibliques et universels de la plénitude

Les dons de l'Esprit:

> Or, à chacun la manifestation de l'Esprit est donnée pour le bien de tous.
>
> - 1 Corinthiens 12.7

Le fruit de l'Esprit:

> Mais le fruit de l'Esprit, c'est l'amour, la joie, la paix, la patience, la bonté, la bienveillance, la foi, la douceur, la maîtrise de soi. Contre de telles attitudes, il n'y a pas de loi.
>
> - Galates 5.22-23

La puissance de l'Esprit:

> Le Saint-Esprit donne la puissance de témoigner (Ac 1.8; Ép 3.20).
>
> Les apôtres n'étaient pas effrontés ou égoïstes, mais ils avaient une confiance et une assurance à cause de la plénitude (Ac 4.29).

Comment puis-je être rempli du Saint-Esprit?

La plénitude du Saint-Esprit nous est accordée lorsque nous sommes purifiés de tout péché connu et que chaque domaine de notre vie a été soumis à Jésus-Christ.

> Quant à moi, je prierai le Père et il vous donnera un autre défenseur afin qu'il reste éternellement avec vous: l'Esprit de la vérité, que le monde ne peut pas accepter parce qu'il ne le voit pas et ne le connaît pas. Mais vous, vous le connaissez, car il reste avec vous et il sera en vous.
>
> – Jean 14.16-17

1. ______________________________ de la plénitude et la désirer.

> Le dernier jour, le grand jour de la fête, Jésus, debout, s'écria: «Si quelqu'un a soif, qu'il vienne à moi et qu'il boive. Celui qui croit en moi, des fleuves d'eau vive couleront de lui, comme l'a dit l'Ecriture.» Il dit cela à propos de l'Esprit que devaient recevoir ceux qui croiraient en lui. En effet, l'Esprit saint n'avait pas encore été donné parce que Jésus n'avait pas encore été élevé dans sa gloire.
>
> – Jean 7.37-39

2. ______________________________ péchés et recevez le pardon de Dieu.

> Si nous reconnaissons nos péchés, il est fidèle et juste pour nous les pardonner et pour nous purifier de tout mal.
>
> – 1 Jean 1.9

> En effet, c'est un double mal que mon peuple a commis: ils m'ont abandonné, moi qui suis une source d'eau vive, pour se creuser des citernes, des citernes fissurées qui ne retiennent pas l'eau.
>
> – Jérémie 2.13

3. ______________________________ au contrôle du Saint-Esprit.

- faire de Jésus notre Seigneur chaque jour

  > J'ai été crucifié avec Christ; ce n'est plus moi qui vis, c'est Christ qui vit en moi; et ce que je vis maintenant dans mon corps, je le vis dans la foi au Fils de Dieu qui m'a aimé et qui s'est donné lui-même pour moi.
  >
  > – Galates 2.20

- se renier soi-même chaque jour

  > Puis il appela la foule avec ses disciples et il leur dit: «Si quelqu'un veut être mon disciple, qu'il renonce à lui-même, qu'il se charge de sa croix et qu'il me suive! En effet, celui qui voudra sauver sa vie la perdra, mais celui qui la perdra à cause de moi et de la bonne nouvelle la sauvera.
  >
  > – Marc 8.34-35

4. ______________________________ nous remplira comme il l'a promis.

Agir selon la vérité

1. Quel cercle décrit le mieux votre vie en ce moment? Le naturel, le spirituel ou le charnel? Vous aimeriez probablement, comme la plupart d'entre nous, «éluder» un peu cette question et dire: «Je sais que Christ est dans ma vie, et même s'il n'est pas le Seigneur de tout, il est Seigneur dans tel ou tel domaine.» La Bible ne nous donne pas de quatrième option: nous ne pouvons être partiellement charnel et partiellement spirituel. En ce moment même, soit Jésus est le Seigneur de tout ce que vous connaissez et savez de lui, soit il ne l'est pas. S'il ne l'est pas, désirez-vous lui rendre le trône de votre vie?
2. Avez-vous ignoré ou renié votre soif de Dieu et de bonnes relations? Voulez-vous admettre votre soif profonde et venir à lui aujourd'hui pour étancher cette soif? Avez-vous essayé de creuser vos propres citernes pour satisfaire votre soif?
3. Quels péchés vous ont séparé de Dieu et altéré votre communion avec lui? Qu'avez-vous besoin de lui confesser et de quoi devez-vous vous repentir? Peut-être avez-vous besoin de passer plus de temps avec Dieu, en demandant à son Saint-Esprit de vous révéler où vous faites erreur, afin de pouvoir à nouveau croire au pardon de Dieu et lui demander de vous remplir.
4. Dans quel domaine de votre vie avez-vous besoin de faire confiance à Dieu pour recevoir la puissance d'accomplir ce qu'il vous demande? En quoi vous faut-il agir par la foi? Qui devez-vous servir? Comment pouvez-vous utiliser les dons que Dieu vous a donnés?

Terminez d'apprendre la carte de mémorisation n°4
«La vérité au sujet du Saint-Esprit».
Alors que vous scellez ces vérités dans votre cœur, attendez-vous à ce que le Seigneur les utilise pour vous encourager, et pour encourager d'autres à travers vous.

Questions à discuter

1. À quel moment franchissez-vous la ligne qui différencie un chrétien imparfait qui vit une vie remplie de l'Esprit et un chrétien charnel qui vit une vie égocentrique?
2. Certains dirigeants chrétiens disent qu'environ 95 pour cent des chrétiens vivent une vie mondaine: une vie caractérisée par les luttes dont nous avons parlé au cours de cette session. La question qui doit être posée est: Pourquoi? Discutez dans votre groupe de deux ou trois raisons pour lesquelles vous croyez qu'il est si facile et si courant de se contenter de moins que le meilleur de Dieu dans notre vie spirituelle.
3. Si vous pouviez choisir un domaine de votre vie où vous aimeriez voir Dieu agir de façon plus importante, lequel serait-ce?
4. Si vous pouviez choisir un trait de caractère que vous voudriez voir Dieu développer en vous de façon plus importante, lequel serait-ce?
5. Quelle impression cela fait-il d'être rempli du Saint-Esprit? Quel genre de pensées avez-vous lorsque vous êtes rempli de l'Esprit?
6. Nous avons appris qu'être rempli de l'Esprit, c'est quelque chose que Dieu fait en nous. Quelle part jouons-nous donc dans la plénitude de l'Esprit? Quelle petite chose pouvez-vous faire *demain* pour être plus régulièrement rempli de l'Esprit?
7. Nous ne pouvons pas vivre la vie chrétienne par notre propre force. Nous devons recevoir quotidiennement la puissance et la plénitude du Saint-Esprit. Il n'y a vraissemblablement rien de plus important que vous puissiez faire les uns pour les autres au sein de votre groupe que d'être conscients de vos besoins mutuels dans ce domaine si important et de prier pour les uns pour les autres. Prenez un moment avant de partir pour dresser la liste des réponses de chacun concernant ce qu'il peut faire plus régulièrement pour être rempli de l'Esprit. Recopiez ces choses sur une carte de visite pour chaque personne du groupe afin de pouvoir prier pour elles. La liste peut ressembler à celle qui suit:

> Requêtes de prières spécifiques pour mon groupe: «la chose» qui les aidera chacun à être plus régulièrement rempli de l'Esprit de Dieu
>
> Jean: un temps personnel avec le Seigneur chaque jour
>
> Marie: croire au pardon de Dieu
>
> Robert: penser à Dieu au début de chaque heure
>
> Hélène: prendre le temps de prier pour ma famille
>
> Etienne: choisir de dire oui à Dieu
>
> Jeanne: considérer les gens à mon travail comme des personnes que Jésus aime

Pour aller plus loin

Jonathan Edwards, *Une œuvre du Saint-Esprit: ses vrais signes*, Europresse, 1996.
René Pache, *La personne et l'œuvre du Saint-Esprit*, Éditions Emmaus, 2000.
Sylvain Romerowski, *L'œuvre du Saint-Esprit dans l'histoire du salut*, Éditions Excelsis, 2005.
John Flavel, *Il parlera de Christ*, Europresse, 1995.
Alain-Georges Martin, *Le Saint-Esprit: aujourd'hui comme hier*, Éditions Kerygma, 1994.
Alfred Kuen, *Baptisé et rempli de l'Esprit*, Éditions Emmaus, 2001.
Sinclair Ferguson, *L'Esprit Saint*, Éditions Excelsis, 1999.

Réponses

naturel
spirituel
charnel
tous doivent être remplis
action répétée
quelque chose qui vous est fait
un commandement
Reconnaître notre soif
Repentez-vous de vos
Céder tout votre moi
Croire que Dieu

La création

1ère partie

Objectif qui transforme la vie

Approfondir notre conviction que le monde et tout ce qu'il contient, ont été créés par l'action personnelle d'un Dieu personnel.

Nous étudions les origines de la vie parce que chacun de nous a besoin d'un sentiment d'identité et de destinée. Ce que vous croyez sur vos origines affecte:

____

____

____

Dans cette étude, nous allons répondre à trois questions simples. Ou disons, faciles à poser. Les réponses à ces questions impliquent: qui est Dieu, qui nous sommes et pourquoi nous sommes ici. Voici ces questions:

1. Pourquoi Dieu a-t-il conçu la création?
2. Comment Dieu a-t-il créé?
3. À quel moment Dieu a-t-il réalisé la création?

Pourquoi Dieu a-t-il conçu la création?

1. Dieu a créé pour ______________________.

   Que la gloire de l'Eternel dure éternellement! Que l'Eternel se réjouisse de ses oeuvres!

   - Psaume 104.31

   Tout a été créé par lui et pour lui.

   - Colossiens 1.16

2. Dieu a créé pour exprimer sa ______________________.

C'est à toi qu'appartient le ciel, à toi aussi la terre; c'est toi qui as fondé le monde et ce qu'il contient.

– Psaume 89.11

C'est à l'Eternel qu'appartient la terre avec tout ce qu'elle contient, le monde avec tous ceux qui l'habitent.

– Psaume 24.1

3. Dieu a créé pour refléter son ______________________.

Le ciel raconte la gloire de Dieu et l'étendue révèle l'oeuvre de ses mains. Le jour en instruit un autre jour, la nuit en donne connaissance à une autre nuit.

– Psaume 19.2-3

En effet, les perfections invisibles de Dieu, sa puissance éternelle et sa divinité, se voient depuis la création du monde, elles se comprennent par ce qu'il a fait. Ils sont donc inexcusables.

– Romains 1.20

Zoom

La Bible est remplie de versets qui nous disent que la création de Dieu est une expression du caractère de Dieu. Afin de voir cela plus en détail, prenez un peu de temps avant la prochaine session pour lire les versets suivants:

Né 9.5-6; Ps 19.2-5; Ps 104.30-32; És 43.7; Rm 1.20; 2Co 4.6; Ps 8.2, 4; Ps 104.24; És 51.12-13, 16; Am 4.13

4. Dieu a créé pour montrer sa ______________________.

Que tes œuvres sont nombreuses, Eternel! Tu les as toutes faites avec sagesse. La terre est remplie de tes biens.

– Psaume 104.24

C'est par la sagesse que l'Eternel a fondé la terre, c'est par l'intelligence qu'il a affermi le ciel.

– Proverbes 3.19

Comment Dieu a-t-il créé?

Dieu dit: «Qu'il y ait de la lumière!» et il y eut de la lumière.

– Genèse 1.3

Il existe trois points de vue dominants qu'il est important pour tout chrétien de comprendre:

L'évolution

Il ne s'agit pas d'un point de vue sur la «création», car la théorie de l'évolution exclut toute probabilité d'un créateur. En termes simples, selon la théorie évolutionniste, la vie a commencé par un processus naturel, qui a été initié à partir de la première substance (une simple cellule) et qui a continué à évoluer pour progressivement produire toutes les espèces.

La croyance selon laquelle l'évolution a été prouvée par la science est largement répandue, invalidant ainsi le récit biblique de la création.

Il est impossible de prouver ____________________________, toute théorie sur les origines. La méthode scientifique est basée sur l'____________________ et sur l'______________________, et il est impossible de faire des observations et de conduire des expérimentations sur les origines de l'univers.

Les problèmes de la théorie de l'évolution:

1. Dieu est laissé en dehors de la création.

   Darwin lui-même a rejeté l'idée d'intégrer l'intervention de Dieu au concept de l'évolution:

   > Je ne donnerais absolument aucun crédit à la théorie de la sélection naturelle si elle nécessite des ajouts miraculeux à n'importe quel stade de l'origine.[1]

2. Les probabilités de l'évolution par _________________.

   Francis Crick, le co-découvreur de la structure moléculaire de l'ADN, a écrit:

   > Il s'agit d'un exercice facile dans les combinaisons chimiques. Supposons que la chaîne soit longue d'environ deux cents acides aminés; ceci est, pour ainsi dire, bien inférieur que la longueur moyenne de tous types de protéines. Étant donné que nous n'avons que vingt possibilités à chaque endroit, le nombre de possibilités est de vingt multiplié par lui-même à la puissance deux cents. Par commodité, on l'écrit 20^{200}, c'est-à-dire 1 suivi de 260 zéros !
   >
   > Ce nombre dépasse de loin notre compréhension. Par comparaison, considérez le nombre fondamental de particules (les atomes, au sens large) dans l'univers visible entier. Pas seulement dans notre galaxie avec ses 10^{11} étoiles, mais dans les milliards de galaxies, en dehors des limites de l'espace observable. Ce nombre, qui est estimé à 10^{80}, est plutôt restreint en comparaison à 10^{260}. De plus, nous n'avons considéré qu'une chaîne polypeptide d'une longueur plutôt modeste. Si nous avions pris les plus longues, les estimations auraient été encore plus immenses.[2]

   D'autres écrivent plus simplement:

   > Il faut une foi incroyable pour croire que l'évolution a pu provoquer, par hasard, toute la vie qui a existé et qui existe encore aujourd'hui.[3]

   > Le scénario actuel sur l'origine de la vie pourrait être comparé à l'assemblage d'un Airbus 380 réalisé par une tornade qui s'abattrait sur une casse de voiture.[4]

3. Le manque de preuves concernant l'évolution d'une espèce à l'autre.

   Charles Darwin a concédé ce point, le manque de preuves, dans ses écrits:

   > Pas un seul changement d'une espèce à une autre n'a jamais pu être rapporté... nous ne sommes pas en mesure de prouver qu'une seule espèce a changé.[5]

   La Bible nous dit que Dieu a fait chaque animal «selon son espèce». Ceci est facilement vérifié non seulement par les découvertes des fossiles mais aussi par les observations et les expérimentations scientifiques modernes. Les éleveurs ont créé avec succès de nouvelles races d'animaux, mais n'ont jamais réussi à transformer une espèce en une autre.

   > Nous vivons aujourd'hui 120 ans après Darwin, et la connaissance des fossiles a largement progressé. Ironiquement, nous disposons encore moins d'exemples de transition d'évolution qu'à l'époque de Darwin. Par là, je veux dire que certains des cas classiques d'évolution dans les rapports de Darwin sur les fossiles, tels que l'évolution du cheval en Amérique du Nord, ont dû être abandonnés ou modifiés en raison d'informations plus détaillées.[6]

4. La ______________________________ irréductible des choses vivantes.

   > Par «complexité irréductible», je veux dire que dans un seul système composé de plusieurs parties interactives très structurées qui contribuent à sa fonction fondamentale, si l'on soustrait une seule de ces parties, cela provoque l'arrêt complet du fonctionnement du système... Un système biologique irréductiblement complexe, s'il existe une telle chose, serait un défi puissant à l'évolution de Darwin.[7]

L'évolution théistique

L'évolution théistique soutient l'idée que d'une certaine manière, Dieu a utilisé le processus de l'évolution comme moyen de création.

Même si ce point de vue semble très séduisant à tous ceux qui veulent allier les découvertes de la science au contenu de la Bible, la théorie de l'évolution théistique pose des problèmes assez importants.

1. La Bible dépeint Dieu comme étant intimement et activement ___________ ______ dans chaque aspect et chaque moment de la création.

   > Le ciel raconte la gloire de Dieu et l'étendue révèle l'œuvre de ses mains.
   >
   > – Psaume 19.2

   > C'est toi, Éternel, c'est toi seul qui as fait le ciel, les cieux des cieux et toute leur armée, la terre et tout ce qu'elle porte, les mers et tout ce qu'elles contiennent. C'est toi qui donnes la vie à tout cela, et les corps célestes se prosternent devant toi.
   >
   > – Néhémie 9.6

Le ciel a été fait par la parole de l'Éternel, et toute son armée par le souffle de sa bouche . . . car il parle, et la chose arrive, il ordonne, et elle existes.

– Psaume 33.6, 9

Le problème, avec toute forme d'évolution théistique... c'est que cela implique une conception liée au hasard. Ce serait comme un cercle carré. Cela n'existe pas. Associer l'évolution à la création serait comme essayer de mettre une cheville carrée dans un trou rond. Cela ne s'emboîte pas.[8]

2. Une approche ____________________ plutôt qu'____________________ de Genèse 1-11

Nous devons savoir que le livre de la Genèse est le fondement de la Bible entière. Le mot Genèse signifie «commencement». La Genèse nous raconte l'histoire du commencement de l'univers, du système solaire, de la vie sur la terre, de l'homme, du péché, d'Israël, des nations, et du salut. Une compréhension de la Genèse est cruciale pour comprendre le reste des Écritures.

Par exemple, certains passages de Genèse des chapitres 1 à 11 sont cités plus de 100 fois dans le Nouveau Testament. Et c'est autour de ces chapitres que la bataille principale de l'authenticité historique de la Genèse fait rage. Dans le Nouveau Testament, il est fait référence aux onze premiers chapitres de la Bible. Chaque auteur du Nouveau Testament fait référence à un moment ou un autre à Genèse 1-11...

Comment pourrait-on séparer les onze premiers chapitres du reste de la Genèse? L'époque d'Abraham a été vérifiée par l'archéologie. Les lieux, les coutumes et les religions dont il est parlé dans la Genèse en rapport avec Abraham sont exacts. L'histoire d'Abraham commence dans Genèse 12. Si le récit de Genèse 1 est de la mythologie et celui de Genèse 12 un événement historique, où se situe la fin de la légende et le début du récit historique dans les 11 premiers chapitres? Ils sont tous écrits dans le même style narratif historique.[9]

3. Placer la ____________________ de Dieu et la ____________________ de Dieu sur un même plan, celui de la révélation divine

Même si le ciel «raconte la gloire de Dieu», la Bible le fait encore plus fidèlement et clairement.

L'herbe sèche et la fleur tombe, mais la parole de notre Dieu subsiste éternellement.

– Ésaïe 40.8

Le ciel et la terre disparaîtront, mais mes paroles ne disparaîtront pas.

– Matthieu 24.35

La création surnaturelle

Dieu créa, personnellement et de façon surnaturelle, les cieux et la terre.

La science peut nous fournir des preuves rationnelles, mais en finalité, c'est une question de foi.

1. La science nous parle de big bang, mais il faut avoir de la foi pour croire que Dieu a dit: «Qu'il y ait de la lumière!»

   - Le 4 mai 1992, le magazine *Time* rapportait que le satellite de la NASA, effectuant une exploration de l'arrière-plan cosmique (COBE), avait découvert une trace évidente prouvant que l'univers avait vu le jour grâce à une explosion originelle qui a ensuite été dénommée «Big Bang». «C'est comme regarder Dieu, pour un croyant!», s'est exclamé le directeur de l'équipe de recherche, George Smoot.[10]

   Mais ce n'est que par la foi que nous croyons en notre créateur.

   - Dans Genèse 1.3, la Bible dit: «Dieu dit: 'Qu'il y ait de la lumière!' et il y eut de la lumière.»

2. La science nous révèle un dessein intelligent de l'univers, mais il faut la foi pour croire que Dieu a personnellement créé cet univers.

   La science peut nous orienter vers un créateur.

   - Dans le magazine *Newsweek*, un article du 20 juillet 1998 intitulé «La science trouve Dieu», rapporte:

     Les physiciens sont tombés sur des signes montrant que le cosmos est fait sur mesure pour la vie, une vie consciente. Il apparaît que les constantes de la nature (des nombres immuables comme la force de la gravité, la charge d'un électron et la masse d'un proton) si elles était différentes (ne serait-ce que d'une infime quantité), les atomes ne tiendraient pas ensemble, les étoiles ne brilleraient pas et la vie n'aurait jamais apparu. «Lorsque vous réalisez que les lois de la nature doivent être ajustées avec une incroyable précision pour engendrer l'univers que nous voyons» dit John Polkinghorne, qui a fait une carrière brillante de physicien à l'université de Cambridge, avant de devenir évêque Anglican en 1982, «cela pousse à semer l'idée que l'univers n'est pas tout simplement apparu, mais qu'il y avait un dessein à son origine.» Charles Towes, qui a partagé en 1964 le Prix Nobel de Physique pour la découverte des principes du laser, va plus loin: «Beaucoup ont le sentiment que d'une certaine manière, une intelligence a dû être engagée dans l'établissement des lois de l'univers.»[11]

   Mais ce n'est que par la foi que nous croyons en notre créateur.

   - Dans Genèse 1.1, la Bible déclare: «Au commencement, Dieu créa le ciel et la terre.»

     Une bonne explication à la naissance explosive de notre univers peut exister; mais si tel est le cas, la science ne peut la trouver. La recherche scientifique du passé s'arrête à la création. Il s'agit d'une conclusion pour le moins étrange, inattendue de tous, excepté des théologiens. Ils ont toujours accepté les paroles de la Bible: «Au commencement, Dieu créa les cieux et la terre»... Pour le savant qui a vécu grâce à sa foi dans le pouvoir de la raison, l'histoire se termine comme un cauchemar. Il a escaladé les montagnes de l'ignorance, il est sur le point de conquérir le plus haut sommet, et alors qu'il se hisse sur le tout dernier rocher, il est accueilli pas une bande de théologiens qui étaient assis là depuis des siècles.[12]

- Robert Jastrow,
fondateur de l'Institut pour les Études de l'Espace,
rattaché à la NASA

À quel moment Dieu a-t-il réalisé la création?

1. Tous les évolutionnistes croient que la terre est vieille de ____________ ____________________.
2. Les créationnistes sont partagés; la plupart croient en une ____________ ____________________, mais certains croient que c'est une ____________ ____________________.

Le débat entre ces points de vue se concentre autour de la traduction du mot *jour* (*yom* en Hébreu), dans le texte de Genèse 1. *Yom* peut avoir n'importe laquelle des définitions suivantes:

1. un jour de 24 heures, ce qui est l'usage le plus courant dans l'Ancien Testament;
2. une période de temps non spécifiée;
3. une ère.

Zoom

Deux questions

1. Comment les créationnistes qui croient à une «vieille terre» peuvent-ils croire que la terre est vieille de plusieurs milliards d'années alors que la Bible dit que Dieu l'a créée en seulement six jours?

   Ils croient que les jours mentionnés dans la Genèse représentent des millions d'années ou qu'un laps de temps important s'est écoulé entre les jours de la Création.

2. Comment les créationnistes, tenants d'une «jeune terre», peuvent-ils croire que la terre n'est âgée que de quelques milliers d'années à la lumière des preuves scientifiques?

   Ils croient que Dieu a créé l'univers en état immédiat de marche, la lumière des étoiles atteignant déjà la terre et les écosystèmes en pleine fonction. Ils croient que cela (de même que le cataclysme causé par un déluge universel) pose la question du temps apparent déduit ddes datations de la radioactivité, du champ magnétique terrestre, des nappes pétrolifères, de la rotation des planètes, etc.

La question théologique essentielle concernant le moment de la création est: Quand le péché et la mort sont-ils entrés dans le monde?

Étant donné que...

La Bible nous dit que ce fut le choix personnel d'Adam de pécher qui introduisit la mort et la chute de la création.

> C'est pourquoi, de même que par un seul homme le péché est entré dans le monde, et par le péché la mort, de même la mort a atteint tous les hommes parce que tous ont péché.
>
> – Romains 5.12

Romains 8.20 nous dit que toute la création souffre à cause du péché d'Adam. Notre péché a infecté toute la création.

Et étant donné que...

Dans le Nouveau Testament, le salut que Jésus nous apporte est lié à la réalité historique du péché d'Adam.

> En effet, puisque la mort est venue à travers un homme, c'est aussi à travers un homme qu'est venue la résurrection des morts. Et comme tous meurent en Adam, de même aussi tous revivront en Christ.
>
> –1 Corinthiens 15.21-22

Alors...

Toute idée d'une création qui admet comme théorie la mort d'êtres humains et la chute de la création avant le péché d'Adam et d'Eve est contraire à l'enseignement clair de la Parole de Dieu.

Agir selon la vérité

1. Allez-vous aujourd'hui prendre une décision au sujet de celui qui vous a créé, vous et le monde? Allez-vous croire ce que Dieu dit de lui-même? Puis, allez-vous décider de laisser sa Parole déterminer le plan de votre vie?
2. Aujourd'hui, allez-vous croire à nouveau (ou croire pour la première fois) dans le fait que le fait que Dieu vous ait créé, implique que vous avez une signification et une importance pour lui?
3. Aujourd'hui, allez-vous prendre à nouveau l'engagement de croire fermement à la vérité selon laquelle Dieu est le créateur personnel de tous les éléments?
4. Chaque jour de cette semaine, louez Dieu et adorez-le pour ses œuvres puissantes. Pendant que vous conduisez ou que vous marchez, réjouissez-vous de la beauté que vous voyez. Pendant que vous travaillez, réjouissez-vous des capacités que Dieu vous a données. Alors que vous passez du temps avec d'autres, réjouissez-vous de la façon unique et merveilleuse dont Dieu a fait chacun de nous.

Commencez d'apprendre la carte de mémorisation n°5
«La vérité au sujet de la création».

Questions à discuter

1. Une des affirmations au début de notre étude sur la création était: «Ce que vous croyez sur vos origines affecte votre valeur personnelle, vos relations et votre façon de percevoir Dieu». En quoi ressentez-vous que votre façon de percevoir Dieu en tant que créateur a un impact sur vos pensées quotidiennes à votre sujet et sur ce monde?
2. Qu'est-ce qui vous émerveille dans la création de Dieu?
3. Comment pouvons-nous parler de la création de manière à ne pas avoir l'air inculte sur le plan scientifique? Comment exprimer aux autres que nous n'ignorons les preuves apparentes, mais que les considérons simplement différemment?
4. Est-ce qu'un débat sur un thème comme les indicateurs de la complexité irréductible des fossiles capte votre attention ou vous ennuie à mourir? Pourquoi pensez-vous que les gens diffèrent sur ce point: pourquoi certains aiment-ils étudier ces choses en détail alors que d'autres s'en passent joyeusement?
5. Que pourriez-vous faire pour faire progresser l'idée qu'un Dieu Créateur et que la Parole de Dieu sont plus fiables que la théorie de l'évolution? Dans votre communauté? Avec d'autres croyants? Dans votre propre famille?

Réponses

votre sentiment de valeur personnelle	hasard
vos relations	complexité
votre perception de Dieu	engagé
lui-même	poétique
souveraineté	historique
caractère	création
sagesse	Parole
scientifiquement	milliards d'années
observation	terre jeune
expérimentation	vieille planète

La création
2e partie

Objectif qui transforme la vie

Poser un solide fondement à notre adoration et obéir à Dieu en tant que créateur.

Sept vérités au sujet de la création qui constituent les fondements de notre vie

Dieu a tout créé à partir de ________

> Par la foi, nous comprenons que l'univers a été formé par la parole de Dieu, de sorte que le monde visible n'a pas été fait à partir des choses visibles.
>
> – Hébreux 11.3

> Dieu dit: «Qu'il y ait de la lumière!» et il y eut de la lumière.
>
> – Genèse 1.3

Dieu a simplement parlé, et la création est venue à l'existence.

Cette semaine, que la vérité de la création vous remplisse de l'émerveillement dont vous avez besoin pour faire face aux réalités de la vie.

La création a eu lieu dans un ____________________

> Dieu dit: «Qu'il y ait de la lumière! »... Dieu appela l'étendue ciel... «Que les eaux qui sont au-dessous du ciel se rassemblent à un seul endroit et que le sec apparaisse!»... «Que la terre produise de la verdure»... la terre produisit de la verdure, de l'herbe à graine selon son espèce et des arbres qui donnent du fruit et contiennent leur semence selon leur espèce... «Qu'il y ait des luminaires dans l'étendue du ciel pour séparer le jour de la nuit! Ils serviront de signes pour marquer les époques, les jours et les années.» ... «Que l'eau pullule d'animaux vivants et que des oiseaux volent dans le ciel au-dessus de la terre!»... «Que la terre produise des animaux vivants selon leur espèce».. . «Faisons l'homme à notre image.»
>
> – Genèse 1.3-26

- Les évolutionnistes comme les créationnistes croient à une création bien ordonnée.
- L'évolution émet l'idée que l'ordre est sorti du chaos.
- La Bible enseigne plutôt que l'ordre a été créé à dessein.

Cette semaine, que la création soit pour nous le rappel constant que Dieu a un plan!

Dieu a vu que cela était __________

> Dieu vit que la lumière était bonne, et il sépara la lumière des ténèbres.
>
> – Genèse 1.4

> Dieu appela le sec terre, et la masse des eaux mers. Dieu vit que c'était bon.
>
> – Genèse 1.10

> La terre produisit de la verdure, de l'herbe à graine selon son espèce et des arbres qui donnent du fruit et contiennent leur semence selon leur espèce. Dieu vit que c'était bon.
>
> – Genèse 1.12

> … pour dominer sur le jour et la nuit et pour séparer la lumière des ténèbres. Dieu vit que c'était bon.
>
> – Genèse 1.18

> Dieu créa les grands poissons et tous les animaux vivants capables de se déplacer: l'eau en pullula selon leur espèce. Il créa aussi tous les oiseaux selon leur espèce. Dieu vit que c'était bon.
>
> – Genèse 1.21

> Dieu fit les animaux terrestres selon leur espèce, le bétail selon son espèce et tous les reptiles de la terre selon leur espèce. Dieu vit que c'était bon.
>
> – Genèse 1.25

> Dieu regarda tout ce qu'il avait fait, et il constata que c'était très bon. Il y eut un soir et il y eut un matin. Ce fut le sixième jour.
>
> – Genèse 1.31

- La création de Dieu n'est pas mauvaise. Le monde n'a pas rendu les gens mauvais; c'est l'homme qui a introduit le mal dans le monde.
- Ne commettez pas l'erreur de penser que parce que quelque chose fait partie du monde physique, il est forcément mauvais.

> Dieu vivant, qui nous donne tout avec abondance pour que nous en jouissions.
>
> – 1 Timothée 6.17

Cette semaine, réjouissez-vous de la création de Dieu!

L'homme est le ______________________________

Comment Dieu s'y est-il pris pour créer l'homme?

L'Éternel Dieu façonna l'homme avec la poussière de la terre. Il insuffla un souffle de vie dans ses narines et l'homme devint un être vivant.

– Genèse 2.7

Alors l'Éternel Dieu fit tomber un profond sommeil sur l'homme, qui s'endormit. Il prit une de ses côtes et referma la chair à sa place. L'Éternel Dieu forma une femme à partir de la côte qu'il avait prise à l'homme et il l'amena vers l'homme.

– Genèse 2.21-22

En quoi sommes-nous créés à l'image de Dieu?

1. Notre ____________________: pensée, volonté, émotions.
2. Notre ____________________: créés en tant qu'homme et femme.

Dieu créa l'homme à son image, il le créa à l'image de Dieu. Il créa l'homme et la femme.

– Genèse 1.27

Zoom

Étant donné que *l'ensemble* de la race humaine a été créé à l'image de Dieu:

L'____________________ et la ____________________ ont tous deux une signification et une valeur égales.

Chaque ____________________ a une signification et une valeur égales.

Il a fait en sorte que tous les peuples, issus d'un seul homme, habitent sur toute la surface de la terre, et il a déterminé la durée des temps et les limites de leur lieu d'habitation. Il a voulu qu'ils cherchent le Seigneur et qu'ils s'efforcent de le trouver en tâtonnant, bien qu'il ne soit pas loin de chacun de nous. En effet, c'est en lui que nous avons la vie, le mouvement et l'être, comme l'ont aussi dit quelques-uns de vos poètes: «Nous sommes aussi de sa race.»

– Actes 17.26-28

3. Notre ____________________: créés en tant qu'êtres moraux, avec une conscience morale

Leurs yeux à tous les deux s'ouvrirent, et ils prirent conscience qu'ils étaient nus. Ils attachèrent des feuilles de figuier ensemble et s'en firent des ceintures.

– Genèse 3.7

C'est pourquoi je m'efforce d'avoir constamment une conscience sans reproche devant Dieu et devant les hommes.

– Actes 24.16

Notre nature morale inclut à la fois la liberté de choix et la responsabilité de nos choix.

4. Notre ______________________: créés avec la capacité d'entrer en contact avec Dieu

> Bien plus, nous plaçons notre fierté en Dieu par notre Seigneur Jésus-Christ, par qui maintenant nous avons reçu la réconciliation.
>
> – Romains 5.11

Cette semaine, concentrez-vous délibérément chaque jour sur le fait que vous avez été créé à l'image de Dieu.

Dieu a ______________________ son œuvre

> C'est ainsi que furent terminés le ciel et la terre et toute leur armée.
>
> – Genèse 2.1

> Son travail était terminé depuis la création du monde.
>
> – Hébreux 4.3

- L'univers n'est pas une sorte de vaste symphonie inachevée.
- Ce monde et l'univers ne sont pas des travaux en cours.
- L'univers est une œuvre de création achevée qui a été gâchée par la présence du péché.

Cette semaine,attendez avec anticipation la restauration divine de sa création.

Le septième jour, Dieu s'est ______________________

> Le septième jour, Dieu mit un terme à son travail de création. Il se reposa de toute son activité le septième jour. Dieu bénit le septième jour et en fit un jour saint, parce que ce jour-là il se reposa de toute son activité, de tout ce qu'il avait créé.
>
> – Genèse 2.2-3

Pourquoi Dieu s'est-il reposé?

- Pour nous donner un <u>EXEMPLE</u> à suivre

> Pendant 6 jours, tu travailleras et tu feras tout ce que tu dois faire. Mais le septième jour est le jour du repos de l'Eternel, ton Dieu... En effet, en 6 jours l'Eternel *a fait le ciel, la terre, la mer et tout ce qui s'y trouve, et il s'est reposé le septième jour.
>
> – Exode 20.9-11

- Pour nous enseigner son plan pour les âges

> Il reste donc un repos de sabbat pour le peuple de Dieu. En effet, celui qui entre dans le repos de Dieu se repose lui aussi de son activité, tout comme Dieu s'est reposé de la sienne.Empressons-nous donc d'entrer dans ce repos.
>
> – Hébreux 4. 9-11

Cette semaine, prenez un jour de repos dans l'adoration.

Dieu soutient aujourd'hui tout ce qu'il a fait

> Il existe avant toutes choses et tout subsiste en lui.
>
> – Colossiens 1.17

Le mot utilisé pour le travail constant et actif de Dieu dans la cohésion de la création est la «providence» de Dieu. Ne pensez pas que Dieu a tout fait et qu'ensuite, il a laissé la création livrée à elle-même. Il y a littéralement des centaines de versets dans toute la Bible qui expriment le profond soutien complexe de Dieu après de sa création.

De la plus petite goutte de rosée aux plus grandes nations, Dieu soutient tout!

> Qui donc fait naître les gouttes de rosée?
>
> – Job 38.28

> Dieu règne sur les nations, Dieu siège sur son saint trône.
>
> – Psaume 47.9

Cette semaine, regardez vers le Dieu qui soutient l'univers, afin qu'il vous donne la force dont vous avez besoin chaque jour.

Agir selon la vérité

Comment louer Dieu comme votre créateur

«Je considère la création comme une expression de ton amour. . .»

> Il a fait les grands luminaires: - Oui, sa bonté dure éternellement. - le soleil pour présider au jour, - Oui, sa bonté dure éternellement. - la lune et les étoiles pour présider à la nuit. - Oui, sa bonté dure éternellement. . . Il donne la nourriture à tout être vivant. - Oui, sa bonté dure éternellement.
>
> – Psaume 136.7-9, 25

«Je m'agenouille devant toi dans l'humilité. . . »

> Venez, prosternons-nous et humilions-nous, plions le genou devant l'Eternel, notre créateur, car il est notre Dieu et nous sommes le peuple dont il est le berger, le troupeau que sa main conduit. Aujourd'hui, si vous entendez sa voix, n'endurcissez pas votre coeur...
>
> – Psaume 95.6-8

«Je te loue pour aujourd'hui. . .»

> Voici le jour que l'Eternel a fait: qu'il soit pour nous un sujet d'allégresse et de joie!
>
> – Psaume 118.24

«Et je te remercie de m'avoir créé.»

> Je te loue de ce que je suis une créature si merveilleuse. Tes œuvres sont admirables, et je le reconnais bien.
>
> – Psaume 139.14

**Terminez d'apprendre la carte de mémorisation n°5
«La vérité au sujet de la création».
Vous serez étonné de voir à quelle fréquence
vous partagez ces vérités particulières!**

Questions à discuter

1. Qu'est-ce qui pour vous est une des images les plus puissantes de la pensée créatrice de Dieu? Soyez précis.
2. De quelle manière la création de Dieu vous parle-t-elle, en particulier au sujet de la personne et du caractère de Dieu? Exemple: lorsque je regarde les étoiles... les océans... le Mont-Blanc, etc.
3. En quoi le fait que Dieu est le créateur vous aide-t-il à considérer ce monde avec un plus grand sentiment de sécurité?
4. Avez-vous tendance à considérer les choses physiques comme «bonnes» ou «mauvaises»? Discutez de la différence entre le fait de reconnaître que le mal est présent dans ce monde et penser que *tout* ce qui est physique est mauvais.
5. Que ressentez-vous lorsque vous pensez que l'humanité est créée à l'image de Dieu?
6. Où en êtes-vous par rapport à l'exemple du repos de Dieu? Donnez un ou deux exemples pratiques de que vous pourriez faire pour mieux suivre son exemple. (Évidemment cette question *présume* que nous n'y parvenons pas vraiment!)

Pour aller plus loin

Ken Ham, *Le mensonge: l'évolution*, Éditions Oasis, 2006.
Hugh Ross, *Dieu et le cosmos,* Éditions La Clairière, 1998.
Henri Blocher, *Révélation des origines*, Presses Bibliques Universitaires, 1988.
Henri Gras, *Le 3e jour*, La Maison de la Bible, 1998

Réponses

rien
ordre précis
bon
couronnement de la création
personnalité
sexualité
homme, femme
race
moralité
spiritualité
terminé
reposé
exemple

Le salut
1ère partie

Objectifs qui transforment la vie

Vous donner une compréhension du salut, un don de Dieu qui vous rend capable:

- d'aimer Dieu plus profondément à cause de ce qu'il a fait pour vous;
- de parler aux autres avec plus d'assurance de ce que Dieu peut faire pour eux.

Le thème principal de la Bible est le plan éternel de Dieu pour nous sauver de notre péché grâce à la naissance de Jésus, de sa mort sur la croix et de sa résurrection.

Dieu savait depuis le début que sa création aurait besoin d'un Sauveur, aussi a-t-il mis en place tout ce qui serait nécessaire pour sauver ses enfants.

Bien que le message de la croix soit connu de beaucoup, nous devons nous garder d'adopter des attitudes de complaisance, d'ennui, d'oubli et surtout de: «J'ai déjà entendu tout ça.» Il y a tellement de degrés de compréhension de l'œuvre de Jésus à la croix que nous ne pourrons jamais arriver au point où nous n'avons plus rien à en apprendre.

Dans la session d'aujourd'hui, nous allons aborder:

Le problème: notre besoin d'être sauvé

La provision: la solution qu'apporte le salut

Au cours de la session suivante, nous examinerons:

La promesse: la sécurité qu'apporte le salut

Le problème: l'homme a besoin d'être sauvé

Pour comprendre le besoin qu'a l'homme d'être sauvé, nous devons examiner deux choses: la nature de Dieu et la nature de l'homme.

La nature de Dieu

Nous sous-estimons notre besoin de salut, parce que nous sous-estimons la nature de Dieu.

1. Dieu est ____________________.

   Lisons ensemble Ésaïe 57.15 et Psaume 99.9. Entourez le mot «saint» chaque fois qu'il est employé.

   En effet, voici ce que dit le Très-Haut, celui dont l'habitation est éternelle et le nom saint: J'habite dans les hauteurs et la sainteté, mais je suis aussi avec l'homme brisé et abattu afin de redonner vie à l'esprit abattu, afin de redonner vie au coeur brisé.

   - Ésaïe 57.15

   Proclamez la grandeur de l'Eternel, notre Dieu, et prosternez-vous sur sa montagne sainte, car il est saint, l'Eternel, notre Dieu.

   - Psaume 99.9

   Tes yeux sont trop purs pour voir le mal, et tu ne peux pas regarder la misère.

   - Habakuk 1.13

   Dieu ne peut tolérer aucun mal.

2. Dieu est ____.

   La sainteté est propre au caractère de Dieu.

   La droiture et la justice concernent les relations que Dieu entretient avec la race humaine selon son caractère.

   L'Eternel fait grâce et il est juste, notre Dieu est rempli de compassion.

   - Psaume 116.5

   L'Eternel est juste dans toutes ses voies et bon dans toutes ses oeuvres.

   - Psaume 145.17

La nature de l'homme

1. Notre nature: nous sommes pécheurs

   La Bible nous rapporte le choix pécheur d'Adam et Eve de désobéir aux instructions de Dieu, qui leur avait ordonné de ne pas manger de l'arbre de la connaissance du bien et du mal (Genèse 2.17; 3). Sans le savoir, ils ont relâché les attaques du mal et de la déchéance qui imprègnent dans notre monde aujourd'hui. Dieu les a maudits ainsi que toute leur descendance.

2. Notre choix: nous péchons

   Dieu dit que nous sommes tous considérés coupables à cause de notre descendance d'Adam et à cause de nos propres choix (Romains 5.18-19; 3.10-18).

3. Notre condition: nous sommes perdus (Luc 19.10)

Zoom

Quelles sont les conséquences du péché et de la perdition?

- Condamnés à la mort physique et spirituelle (Gn 3.19; Jn 3.18; Rm 6.23)
- Séparés de Dieu (Ép 2.12)
- Dominés et contrôlés par le péché (Ép 2.1-3; Rm 6.6)
- Aveuglement spirituel (2Co 4.3-4)
- Incapables de comprendre (Rm 3.11)
- Ennemis de Christ (Mt 12.30)
- Sujets à la colère de Dieu (Ép 2.3)
- Considérés comme les enfants du diable (Jn 8.44)

La Bible dépeint la perdition de la race humaine comme étant la condition la plus pitoyable possible. Non seulement notre vie sur terre est gâchée lorsque nous vivons pour nous-mêmes et nos désirs égoïstes, mais la conséquence en est la séparation éternelle d'avec Dieu (Rm 6.23; Lc 13.3; Mt 25.46).

La provision: la solution de Dieu au péché

La solution de Dieu réside dans les trois derniers mots de ce verset: foi en Jésus.

> C'est lui que Dieu a destiné à être par son sang une victime expiatoire pour ceux qui croiraient. Il démontre ainsi sa justice, puisqu'il avait laissé impunis les péchés commis auparavant, à l'époque de sa patience. Il la démontre dans le temps présent de manière à être juste tout en déclarant juste celui qui a la foi en Jésus.
>
> – Romains 3.25-26

Les trois vérités centrales sur la manière dont nous sommes sauvés

1. Le salut ne vient pas par les œuvres mais par la ______________.

   En effet, c'est par la grâce que vous êtes sauvés, par le moyen de la foi. Et cela ne vient pas de vous, c'est le don de Dieu. Ce n'est pas par les oeuvres, afin que personne ne puisse se vanter.

   – Éphésiens 2.8-9

2. Notre salut est l'initiative de ____________________, et non la nôtre.

   Ce n'est pas l'homme qui ____________________ jusqu'à Dieu, mais c'est Dieu qui ____________________ vers l'homme.

   En effet, alors que nous étions encore sans force, Christ est mort pour des pécheurs au moment fixé. A peine mourrait-on pour un juste; peut-être accepterait-on de mourir pour quelqu'un de bien. Mais voici comment Dieu prouve son amour envers nous: alors que nous étions encore des pécheurs, Christ est mort pour nous.

– Romains 5.6-8

3. Le salut n'est pas une idée de dernière minute de la part de Dieu: c'est son ____________________.

Vous avez été rachetés. . . par le sang précieux de Christ, qui s'est sacrifié comme un agneau sans défaut et sans tache. Prédestiné avant la création du monde, il a été révélé dans les derniers temps à cause de vous.

– 1 Pierre 1.18-20

Il nous a sauvés et nous a adressé un saint appel. Et il ne l'a pas fait à cause de nos oeuvres, mais à cause de son propre plan et de sa grâce, qui nous a été accordée en Jésus-Christ de toute éternité.

– 2 Timothée 1.9

Sept descriptions du salut

1. ____________________: Jésus est mort à ma place.

Car Christ est mort pour les péchés, une fois pour toutes, lui, le juste pour les injustes, afin de vous amener à Dieu. Il fut mis à mort dans le corps mais rendu vivant par l'Esprit.

– 1 Pierre 3.18

- Il l'a fait devenir péché pour nous (2 Corinthiens 5.21).
- Il a porté nos péchés dans son corps à la croix (1 Pierre 2.24).
- Il s'est offert une seule fois pour porter les péchés de beaucoup d'hommes (Hébreux 9.28).
- Il était blessé à cause de nos transgressions (Ésaïe 53.4–6).
- Il est devenu malédiction pour nous (Galates 3.13).

J'ai été crucifié avec Christ; ce n'est plus moi qui vis, c'est Christ qui vit en moi; et ce que je vis maintenant dans mon corps, je le vis dans la foi au Fils de Dieu qui m'a aimé et qui s'est donné lui-même pour moi.

– Galates 2.20

2. ____________________: Jésus m'a rendu juste devant Dieu.

Et c'est par lui que toute personne qui croit est libérée de toutes les fautes dont vous ne pouviez pas être libérés par la loi de Moïse.

– Actes 13.39

...lui qui a été donné à cause de nos fautes et qui est ressuscité à cause de notre justification.

– Romains 4.25

3. ______________________: grâce à Jésus, nous pouvons être en paix avec Dieu.

En effet, Dieu était en Christ: il réconciliait le monde avec lui-même en ne chargeant pas les hommes de leurs fautes, et il a mis en nous la parole de la réconciliation.

– 2 Corinthiens 5.19

En effet, si nous avons été réconciliés avec Dieu grâce à la mort de son Fils lorsque nous étions ses ennemis, nous serons à bien plus forte raison sauvés par sa vie maintenant que nous sommes réconciliés!

– Romains 5.10

Jésus est le pont entre Dieu et l'homme.

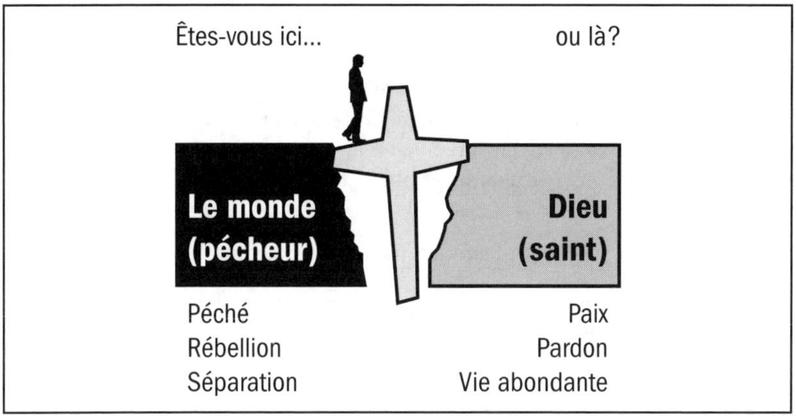

4. ______________________: Jésus me permet de faire partie de la famille de Dieu.

Il nous a prédestinés à être ses enfants adoptifs par Jésus-Christ. C'est ce qu'il a voulu, dans sa bienveillance.

– Éphésiens 1.5

Or, si nous sommes enfants, nous sommes aussi héritiers: héritiers de Dieu et cohéritiers de Christ, si toutefois nous souffrons avec lui afin de prendre aussi part à sa gloire.

– Romains 8.17

Et vous n'avez pas reçu un esprit d'esclavage pour être encore dans la crainte, mais vous avez reçu un Esprit d'adoption, par lequel nous crions: «Abba! Père!»

– Romains 8.15

5. ______________________: Jésus a payé mon salut de son sang.

Une parole à propos

Rachat

Le terme grec pour «rachat» ou «rédemption» fait référence aux esclaves qui étaient achetés sur la place du marché. Au sens spirituel, nous étions tous esclaves du péché, jusqu'à ce que Jésus nous rachète sur le marché aux esclaves et nous libère de l'esclavage du péché. Étant donné qu'il nous a rachetés au prix de son sang, désormais nous lui appartenons exclusivement.

> Il nous a délivrés de la puissance des ténèbres et nous a transportés dans le royaume de son Fils bien-aimé, en qui nous sommes rachetés, pardonnés de nos péchés.
>
> – Colossiens 1.13-14

> Vous le savez en effet, ce n'est pas par des choses corruptibles comme l'argent ou l'or que vous avez été rachetés de la manière de vivre dépourvue de sens que vous avaient transmise vos ancêtres, mais par le sang précieux de Christ, qui s'est sacrifié comme un agneau sans défaut et sans tâche.
>
> – 1 Pierre 1.18-19

6. ____________________________: Jésus a satisfait la justice de Dieu.

Une parole à propos

Expiation

Faire expiation signifie satisfaire ou répondre à une exigence ou une condition requise. Dans les milieux païens, cela signifiait «apaiser les dieux». Le sens biblique du mot indique ce qui satisfait la justice de Dieu afin qu'il accorde sa miséricorde.

L'image de l'expiation dans l'Ancien Testament est le «propitiatoire», le couvercle de l'arche de l'alliance d'abord dans le tabernacle, puis, plus tard dans le temple. C'était l'endroit où se faisait l'aspersion du sang en offrande pour les péchés du peuple.

> Il est lui-même la victime expiatoire pour nos péchés, et non seulement pour les nôtres, mais aussi pour ceux du monde entier.
>
> – 1 Jean 2.2

> Et cet amour consiste non pas dans le fait que nous, nous avons aimé Dieu, mais dans le fait que lui nous a aimés et a envoyé son Fils comme victime expiatoire pour nos péchés.
>
> – 1 Jean 4.10

7. ____________________: Jésus a éloigné de nous nos péchés.

> En lui, par son sang, nous sommes rachetés, pardonnés de nos fautes, conformément à la richesse de sa grâce.
>
> – Éphésiens 1.7

> Vous qui étiez morts en raison de vos fautes et de l'incirconcision de votre corps, il vous a rendus à la vie avec lui. Il nous a pardonné toutes nos fautes.
>
> – Colossiens 2.13

> Autant l'orient est éloigné de l'occident, autant il éloigne de nous nos transgressions.
>
> – Psaume 103.12

> Tu jetteras au fond de la mer tous leurs péchés.
>
> – Michée 7.19

Trois aspects du salut: passé, présent et futur

1. Dans le ______________, j'ai été sauvé de la ______________ du péché (justification).
2. Au ______________, je suis sauvé de la ______________ du péché (sanctification).
3. Dans le ______________, je serai sauvé de la ______________ du péché (glorification).

Cela signifie que même si par sa mort, Jésus a accompli tout ce que Dieu souhaitait (Jésus a dit: «Tout est accompli») nous n'avons pas encore expérimenté tout ce que représente le salut. Nous pouvons en attendre encore davantage!

Perspective personnelle

Doit-on comprendre toutes les vérités dont nous avons parlé aujourd'hui pour pouvoir être sauvé? Non!

Pour être sauvé, il vous faut connaître seulement trois vérités:

1. je suis pécheur;
2. Jésus est mort à ma place;
3. si je demande à Dieu de me pardonner pour ma rébellion contre lui et que je crois que Jésus est mon Seigneur, il me sauvera.

On ne peut pas dire que ces trois vérités soient difficiles à saisir. La vérité de notre salut est suffisament simple pour être comprise par un enfant, et pourtant, elle est suffisament profonde pour que l'on puisse l'étudier le reste de sa vie sans jamais avoir fini de la comprendre.

Voici la question fondamentale: avez-vous accepté le don du pardon de Dieu pour votre péché, payé par la mort de Jésus sur la croix?

Commencez d'apprendre la carte de mémorisation n°6 «La vérité au sujet du salut».

Annexe

Ressource supplémentaire

La doctrine de l'élection et de la prédestination est une des doctrines les plus difficiles que les chrétiens essaient de saisir. En termes simples, l'élection signifie choisir certaines personnes dans un but précis, tout comme nous élisons les membres du parlement. L'élection spirituelle concerne la façon dont Dieu nous choisit en vue du salut.

Il y a deux courants de pensée principaux concernant l'élection: le calvinisme et l'arminianisme. Le calvinisme (du nom de Jean Calvin, un théologien français du 16e siècle) souligne des mots comme élus, choisis ou prédestinés. Les calvinistes croient de manière générale que seulement certaines personnes sont choisies pour être sauvées, et que Dieu passe outre les non-élus. Ils basent leur point de vue sur des versets comme 1 Pierre 1.1-2.

> De la part de Pierre, apôtre de Jésus-Christ, à ceux qui sont étrangers et dispersés dans le Pont, la Galatie, la Cappadoce, l'Asie et la Bithynie. A vous qui avez été choisis conformément à la prescience de Dieu le Père et conduits à la sainteté par l'Esprit afin de devenir obéissants et d'être purifiés par le sang de Jésus-Christ: que la grâce et la paix vous soient multipliées!
>
> \- 1 Pierre 1.1-2

L'arminianisme (d'après le nom de Jacques Arminius, un autre théologien du 16e siècle) souligne les mots comme «quiconque» et «voulant qu'aucun ne périsse». Il base son point de vue sur des versets comme Jean 3.16 et 2 Pierre 3.9. Les arminiens croient au libre arbitre et que Dieu, dans sa prescience, voit qui va répondre avec foi en Christ et ainsi les élit sur la base de sa prescience.

> Le Seigneur ne tarde pas dans l'accomplissement de la promesse, comme certains le pensent; au contraire, il fait preuve de patience envers nous, voulant qu'aucun ne périsse mais que tous parviennent à la repentance.
>
> \- 2 Pierre 3.9

Nous croyons que les Écritures enseignent ces deux vérités; exclure un ensemble de versets ou souligner l'un plus que l'autre n'est pas équilibré. Dieu nous donne la liberté de choisir de l'aimer ou non. Notre liberté ne peut pourtant pas transcender la souveraine élection de Dieu. Ce sont des idées qui sont difficiles à concilier avec notre pensée limitée. Au bout du compte, c'est une question de confiance et de foi.

La pensée la plus angoissante qui hante certains est celle-ci: «Que se passera-t-il si je veux de Dieu, mais qu'il ne veut pas de moi?» La vérité, c'est que cela n'arrivera jamais! S'il y a un désir pour Dieu dans votre cœur, vous faites alors partie des élus!

Questions à discuter

1. Qu'est-ce qui vous émerveille au sujet du salut de Dieu?
2. Croyez-vous que certains d'entre nous se sentaient aussi perdus qu'ils l'étaient en réalité avant d'être sauvés? Avez-vous des exemples démontrant que plus on est perdu, plus on se montre reconnaissant du don du salut?
3. La vérité de la justification est difficile à comprendre pour beaucoup. Qu'est-ce qui nous empêche de nous considérer comme justes devant Dieu? Qu'est-ce qui vous aide à croire à la promesse divine concernant notre justification?
4. De quelle manière nous attribuons-nous le crédit, ou devenons-nous orgueilleux en ce qui concerne le don du salut? Qu'est-ce qui vous a encouragé à garder à l'esprit, quotidiennement, le fait que le salut ne nous est accordé que par grâce?
5. Les sept images du salut que nous avons abordées dans cette étude comptent parmi les plus grands trésors de notre vie.

    1. La substitution: Jésus est mort à notre place.
    2. La justification: Jésus nous rend juste devant Dieu.
    3. La réconciliation: grâce à Jésus, nous pouvons être en paix avec Dieu.
    4. L'adoption: grâce à Jésus, nous pouvons faire partie de la famille de Dieu.
    5. Le rachat (rédemption): Jésus a payé notre salut de son sang.
    6. La propitiation: Jésus satisfait la justice de Dieu.
    7. Le pardon: Jésus a éloigné de nous nos péchés.

    Laquelle de ces images vous touche personnellement le plus?

    Laquelle de ces images aimeriez-vous mieux comprendre?

    Laquelle pourriez-vous utiliser pour aider quelqu'un que vous connaissez à mieux comprendre comment devenir chrétien?

Réponses

saint
droit et juste
grâce
Dieu
s'élève
s'abaisse
plan éternel
La substitution
La justification
La réconciliation

L'adoption
Le rachat
L'expiation
Le pardon
passé
punition
présent
puissance
futur
présence

Le salut
2e partie

Objectif qui transforme la vie

Vous aider à avoir l'assurance de votre salut, ce qui aura pour résultat une plus grande conviction de l'amour de Dieu et une meilleure appréciation de sa grâce.

Rappel

- Le thème principal de la Bible, c'est le plan éternel de Dieu pour nous secourir de la punition, de la puissance et de la présence du péché, au travers de la mort et de la résurrection de son Fils Jésus.
- Par nature, Dieu est saint, droit et juste.L'homme est pécheur, à la fois par nature et par choix. La solution de Dieu? Il a pourvu un Sauveur!
- Nous avons étudié sept descriptions de ce que Jésus a fait pour nous sur la croix:
    1. La substitution: Jésus est mort à ma place.
    2. La justification: Jésus m'a rendu juste devant Dieu.
    3. La réconciliation: grâce à Jésus, je peux être en paix avec Dieu.
    4. L'adoption: grâce à Jésus, je peux faire partie de la famille de Dieu.
    5. Le rachat (rédemption): Jésus a payé mon salut de son sang.
    6. La propitiation: Jésus a satisfait la justice de Dieu.
    7. Le pardon: Jésus a éloigné de nous nos péchés.

Bien que Dieu nous ait fait don de toutes ces richesses, beaucoup de chrétiens ne sont pas convaincus de leur salut. La dernière fois, nous avons examiné le problème (notre besoin de salut) et sa provision (la solution du salut). Dans cette session, nous allons voir comment nous pouvons être assurés de notre salut.

Pourquoi tant de gens doutent-ils de leur salut?

- Parce qu'ils n'arrivent pas à identifier précisément le ________________ ________________________ où ils ont reçu Christ.[1]
- Parce qu'ils doutent de ________________ de la manière dont ils ont exprimé leur foi en Christ.

  «Ai-je prononcé la bonne prière? Est-ce que je savais tout ce que je devais savoir? Aurais-je dû me sentir différemment?»

- À cause des ________________ qu'ils ont commis après leur salut.

  Il y a une différence entre l'assurance personnelle de mon salut et la sécurité promise de mon salut. Que je *ressente* ou non cette assurance, la sécurité est un *fait* basé sur la promesse de Dieu. Dans cette étude, nous allons examiner de quelle façon la promesse du salut de Dieu peut renforcer notre assurance dans ce domaine.

La promesse de la sécurité du salut

La décision souveraine du ____________

- Dieu nous a déclarés «non-coupables» à ses yeux et a annulé la punition qui aurait dû être la nôtre.

  En vérité, en vérité, je vous le dis, celui qui écoute ma parole et qui croit à celui qui m'a envoyé a la vie éternelle; il ne vient pas en jugement, mais il est passé de la mort à la vie.

  – Jean 5.24

  En effet, Dieu a tant aimé le monde qu'il a donné son Fils unique afin que quiconque croit en lui ne périsse pas mais ait la vie éternelle. . . . Celui qui croit en lui n'est pas jugé, mais celui qui ne croit pas est déjà jugé parce qu'il n'a pas cru au nom du Fils unique de Dieu.

  – Jean 3.16, 18

- Dieu est en paix avec moi; la bataille entre nous est terminée.

  Ainsi donc, déclarés justes sur la base de la foi, nous avons la paix avec Dieu par l'intermédiaire de notre Seigneur Jésus-Christ.

  – Romains 5.1

- Dieu a décidé que rien ne peut nous séparer de son amour.

  En effet, j'ai l'assurance que ni la mort ni la vie, ni les anges ni les dominations, ni le présent ni l'avenir, ni les puissances, ni la hauteur, ni la profondeur, ni aucune autre créature ne pourra nous séparer de l'amour de Dieu manifesté en Jésus-Christ notre Seigneur.

  – Romains 8.38-39

L'œuvre de ____________________ en tant que grand-prêtre

Zoom

Dans le système sacrificiel de l'Ancien Testament, le grand-prêtre était le chef spirituel le plus haut placé. Lui seul pouvait entrer dans le lieu très saint, une fois par an, le jour du grand pardon, pour répandre du sang sur le propitiatoire. Jésus est notre grand-prêtre. Lorsque Jésus est mort sur la croix, il était à la fois le sacrifice suprême et le prêtre suprême. Il vit pour toujours afin d'accomplir le travail d'un grand-prêtre: être notre intercesseur et notre défenseur.

- Jésus vit pour ____________________ pour moi.

  Par conséquent, il peut aussi sauver parfaitement ceux qui s'approchent de Dieu à travers lui, puisqu'il est toujours vivant pour intercéder en leur faveur.

  - Hébreux 7.25

  Désormais je ne suis plus dans le monde, mais eux, ils sont dans le monde, tandis que je vais vers toi. Père saint, garde-les en ton nom, ce nom que tu m'as donné, afin qu'ils soient un comme nous. . . Je ne te demande pas de les retirer du monde, mais de les préserver du mal.

  - Jean 17.11, 15

- Jésus vit pour nous servir de ____________________.

  Mes petits enfants, je vous écris cela afin que vous ne péchiez pas. Mais si quelqu'un a péché, nous avons un défenseur auprès du Père, Jésus-Christ le juste. Il est lui-même la victime expiatoire pour nos péchés, et non seulement pour les nôtres, mais aussi pour ceux du monde entier.

  - 1 Jean 2.1-2

- Jésus est ____________________ envers nous, même lorsque nous ne lui sommes pas fidèles.

  Cette parole est certaine: si nous sommes morts avec lui, nous vivrons aussi avec lui; si nous persévérons, nous régnerons aussi avec lui; si nous le renions, lui aussi nous reniera; si nous sommes infidèles, lui reste fidèle, car il ne peut se renier lui-même.

  - 2 Timothée 2.11-13

  Retenons fermement l'espérance que nous proclamons, car celui qui a fait la promesse est fidèle.

  - Hébreux 10.23

Zoom

Nous vivons à une époque d'infidélité ambiante. On ne peut compter sur les gens pour qu'ils tiennent leurs promesses. C'est vrai à la fois pour les individus et les nations. Les maris sont souvent infidèles aux vœux qu'ils ont faits à leur femme. Les femmes sont souvent infidèles à leur mari. Les enfants sont souvent infidèles aux principes que leurs parents leur ont enseignés. Les parents sont souvent infidèles pour répondre aux besoins de leurs enfants. Les employés sont souvent infidèles aux promesses qu'ils ont faites à leurs employeurs. Et les employeurs sont souvent infidèles pour remplir leurs obligations et leurs responsabilités envers leurs employés. Nous devons aussi reconnaître que les chrétiens sont souvent infidèles envers Dieu, bien que Dieu ne soit jamais infidèle envers eux. Pas un seul d'entre de nous ne peut revendiquer l'immunité du péché d'infidélité.

Seul Dieu est toujours fidèle et tient parfaitement chacune de ses promesses. Ce fait est vital parce que tout ce que nous croyons repose sur la fidélité de Dieu. Notre destinée éternelle est en jeu. En contraste avec l'infidélité qui nous entoure, il est rafraîchissant de lever les yeux vers notre Dieu bien-aimé qui est toujours fidèle.

—John MacArthur

Le sceau puissant de l'______________

Dans notre étude sur le Saint-Esprit, nous avons vu qu'au moment du salut, le Saint-Esprit accomplit plusieurs œuvres en nous qui assurent notre salut pour toujours.

- Le Saint-Esprit nous *régénère* (Il nous donne une nouvelle naissance).
- Le Saint-Esprit nous *baptise.*
- Le Saint-Esprit *demeure* en nous comme un don de Dieu.
- Le Saint-Esprit nous *scelle.*

> En lui vous aussi, après avoir entendu la parole de la vérité, l'Evangile qui vous sauve, en lui vous avez cru et vous avez été marqués de l'empreinte du Saint-Esprit qui avait été promis.
>
> - Éphésiens 1.13

Nous pouvons être certains de la sécurité de notre salut, car un jour, Christ a fait la paix avec Dieu pour chacun de nous. Aujourd'hui, Jésus vit pour intercéder pour moi et le Saint-Esprit garantit que mon avenir sera rempli de gloire. C'est l'œuvre de Dieu qui garantit mon salut; je ne peux rien faire pour l'empêcher de m'aimer ou d'être fidèle à ses propres promesses.

> Mes brebis écoutent ma voix, je les connais et elles me suivent. Je leur donne la vie éternelle. Elles ne périront jamais et personne ne pourra les arracher à ma main. Mon Père, qui me les a données, est plus grand que tous et personne ne peut les arracher à la main de mon Père.
>
> - Jean 10.27-29

L'assurance personnelle de mon salut

Comment gérer les doutes au sujet de mon salut?

Lorsque quelqu'un n'est pas sûr de son salut, il y a plusieurs probabilités:

- cette personne n'est peut-être pas sauvée;
- elle est peut-être désobéissante envers Dieu; la désobéissance nous fait perdre la joie de notre salut et nous fait douter de l'amour de Dieu pour nous;
- elle est peut-être en proie à une tentation de doute, provoquée par le diable, qui de toute évidence ne veut pas que nous ressentions la sécurité de notre relation avec Dieu.

Que se passera-t-il si je ne peux me souvenir du moment précis où je suis devenu chrétien?

Bien que venir à Christ soit souvent un processus, à un moment donné, nous passons «de la mort à la vie». Personne ne vient progressivement «à la vie».

Prier pour l'assurance

Priez simplement une prière semblable à celle-ci.

> *Seigneur Jésus, je sais que j'ai déjà pris cet engagement auparavant, mais le fait de ne pas arriver à me souvenir du moment exact m'a souvent fait douter. Aussi, ici même et en cet instant, le (précisez la date) je scelle dans mon cœur le fait que je t'ai donné ma vie. Je te fais confiance, à toi seul pour pardonner le mal que j'ai fait. Je te demande d'être le Seigneur, le leader et le guide de ma vie. Amen.*

Si vous n'êtes pas sûr d'être chrétien, assurez-vous en maintenant. Demandez simplement à Jésus de pardonner vos péchés et de venir dans votre cœur.

Lorsque Satan essaiera de vous harceler et vous poussera à vous demander si vous êtes réellement chrétien, vous pourrez vous référer à ce jour et vous rappeler que vous avez réellement demandé à Jésus d'être votre Sauveur.

Quelles sont les conséquences sur ma relation avec Dieu lorsque je pèche?

Lorsqu'un chrétien pèche, la communion avec Dieu est brisée, mais la relation demeure intacte. Dieu a dit que nous avions été adopté dans sa famille avec tous les droits et les privilèges de son Fils, Jésus. Il ne reniera jamais Jésus; il ne nous reniera jamais. Cependant, nous devons nous occuper du péché présent dans notre vie. Regardez ces digrammes vous montrant le processus de ce qui se passe lorsqu'un chrétien pèche.

Les barrières du péché avant le salut			
Les barrières du côté de Dieu		Les barrières du côté de l'homme	
DIEU	1. La justice de Dieu exige la punition du coupable.	1. La conscience de l'homme de sa culpabilité produit la peur de la punition.	Homme
	2. La sainteté de Dieu exige le rejet de l'impur.	2. La conscience de l'homme de son manque de sainteté produit la peur du rejet.	
	3. La perfection de Dieu exige la dévaluation de celui qui est imparfait.	3. La conscience de l'homme de son imperfection produit la perte de l'estime de soi.	

Les barrières du péché avant le salut lorsque nous oublions que Dieu nous a totalement acceptés			
Les barrières du côté de Dieu		Les barrières du côté de l'homme	
DIEU	Complètement enlevées par la mort de Christ.	Attente de punition, de rejet et de perte d'estime de soi résultant des expériences passées de la punition.	Homme

Les barrières du péché après le salut, lorsque nous avons pleinement appliqué les résultats de l'expiation que Christ a faite pour nous.			
Les barrières du côté de Dieu		Les barrières du côté de l'homme	
DIEU	Complètement enlevées par la mort de Christ.	Complètement enlevées par la conscience que Dieu m'accepte totalement et qu'il me pardonne ainsi que par la réalisation que Dieu ne motive pas par menaces de punition, rejet et abaissement de l'estime de soi.	Homme

Les effets du péché sur le chrétien	
Ce que le péché ne fait pas	**Ce que fait le péché**
1. Apporter la punition de Dieu. 2. Rendre Dieu fâché avec nous. 3. Pousser Dieu à nous rejeter, même temporairement. 4. Nous rendre sans valeur aux yeux de Dieu. 5. Pousser Dieu à nous faire sentir coupables.	1. Apporte une correction d'amour et la discipline de la part de Dieu. 2. Interfère avec notre ajustement personnel, nous blesse et nous rend finalement malheureux. 3. Décroît notre efficacité, même temporairement. 4. Endommage la vie des autres – en particuliers ceux qui nous sont le plus proche. 5. Provoque la perte de récompenses au ciel. 6. Apporte la conviction de Dieu.
Source: Diagrammes et tableaux, adaptés du livre de Bruce Narramore et Bill Counts, *Freedom From Guilt* (Santa Ana, Calif. : Vision House, 1974), pages 83—85, 93.	

Qu'est-ce qui prouve que je suis chrétien?

- La ____________________ que Dieu est notre Père céleste

  Mon Père m'a tout donné, et personne ne connaît le Fils, si ce n'est le Père; personne non plus ne connaît le Père, si ce n'est le Fils et celui à qui le Fils veut le révéler.

  - Matthieu 11.27

- Une nouvelle confiance dans la ____________________

  Faites en tout temps par l'Esprit toutes sortes de prières et de supplications. Veillez à cela avec une entière persévérance et en priant pour tous les saints.

  - Éphésiens 6.18

- Une nouvelle capacité à comprendre les ____________________

  Quand le défenseur sera venu, l'Esprit de la vérité, il vous conduira dans toute la vérité, car il ne parlera pas de lui-même, mais il dira tout ce qu'il aura entendu et vous annoncera les choses à venir.

  - Jean 16.13

- Une prise de conscience de la gravité du ____________________

  En effet, la grâce de Dieu, source de salut pour tous les hommes, a été révélée. Elle nous enseigne à renoncer à un mode de vie impie et aux convoitises de ce monde et à vivre dans le temps présent conformément à la sagesse, la justice et la piété.

  - Tite 2.11-12

- Un nouvel ____________________ pour les perdus

  Frères et sœurs, le vœu de mon cœur et ma prière à Dieu pour les Israélites, c'est qu'ils soient sauvés.

  – Romains 10.1

- Un nouvel amour pour les ____

  Quant à nous, nous savons que nous sommes passés de la mort à la vie parce que nous aimons les frères et sœurs. Celui qui n'aime pas son frère reste dans la mort.

  – 1 Jean 3.14

Perspective personnelle

Question: pourquoi Dieu me laisserait-il entrer au ciel?

Une seule réponse: parce que j'ai placé ma confiance dans l'œuvre de Christ à la croix.

Non pas

parce que je suis quelqu'un de bien;

parce que je crois en Dieu;

parce que je vais à l'église.

Si vous répondez correctement à cette question, vous pouvez renoncer à vos doutes et vos craintes sur la sécurité de votre salut. Commencez à vivre dans la liberté qui vient de l'assurance de votre salut.

Approchons-nous donc avec un cœur sincère, une foi inébranlable, le cœur purifié d'une mauvaise conscience et le corps lavé d'une eau pure.

– Hébreux 10.22

Terminez d'apprendre la carte de mémorisation n°6, «La vérité au sujet du salut».

Annexe

Passages bibliques parlant de la sécurité et l'assurance de notre salut

Il y a un nombre incalculable de passages bibliques parlant de la sécurité et l'assurance de notre salut. Quelques passages de la Bible semblent indiquer que nous pouvons perdre notre salut ou qu'il peut nous être enlevé. Examinons de plus près la signification de ces versets.

Galates 5.4: «Vous êtes séparés de Christ, vous tous qui cherchez à être considérés comme justes dans le cadre de la loi, vous êtes déchus de la grâce.»

De nombreuses personnes interprètent, «déchus de la grâce» comme signifiant perdre le salut. Cette phrase n'est utilisée qu'une seule fois dans le Nouveau Testament. L'apôtre Paul se défend lui-même ainsi que l'évangile de Christ contre un groupe, les judaïsants, qui étaient arrivés en Galatie après son départ.

Les judaïsants enseignaient que le salut s'obtenait par la foi en Christ ainsi qu'en observant certaines portions de la loi. La principale distorsion qu'ils enseignaient concernait la circoncision. Ils pensaient que les chrétiens d'origine non-juive devaient être circoncis pour assurer leur salut (Galates 5.2). Ils considéraient que placer sa confiance en la mort de Christ comme paiement pour le péché était insuffisant; ils enseignaient que l'homme doit associer sa foi aux œuvres afin de gagner la vie éternelle. Ils observaient aussi beaucoup de principes alimentaires juifs et de cérémonies juives.

Paul avait le cœur brisé de voir les chrétiens galates si facilement détournés par les judaïsants (Galates 1.6-7). Il n'avait pas peur de les voir perdre leur salut, mais il s'inquiétait de ce qu'ils perdent la joie de leur salut en adoptant une forme de religion qui restreindrait sévèrement leur liberté (Galates 5.1).

Il les a mis en garde concernant le fait de croire que la circoncision était un moyen de salut, ce qui était une perte de temps (Galates 5.2-3) parce que cela signifiait qu'ils devraient s'efforcer à nouveau d'observer la loi tout entière. Associer Christ et la loi ne marcherait pas, parce que ce sont deux systèmes entièrement différents. La loi et la grâce ne fonctionnent pas ensemble!

Paul utilise alors un langage plus fort pour faire passer le message: «Vous êtes séparé de Christ» (v. 4). En s'efforçant d'intégrer la loi à l'Évangile, ils annulaient le besoin de la mort de Christ pour leur péché. Si le salut pouvait être obtenu par le moyen de la loi, il n'y avait aucune raison que Christ meure. Puis il leur dit: «Vous êtes déchus de la grâce» (v. 4). Déchoir de la grâce, c'est abandonner le modèle de justification du salut-par-grâce et adopter le modèle du salut-par-les-œuvres. Il ne les menaçait pas de la perte de leur salut, mais il les avertissait de la perte de leur liberté. Il savait que «déchoir» du système divin de la grâce les conduirait tout droit à retomber dans la frustration de la vie sous la loi.

Hébreux 6.4-6: « En effet, ceux qui ont été une fois éclairés, qui ont goûté au don céleste, qui ont eu part au Saint-Esprit, qui ont goûté à la bonne parole de Dieu et aux puissances du monde à venir, et qui pourtant sont tombés, il est impossible de les amener une nouvelle fois à changer d'attitude, puisqu'ils crucifient de nouveau pour eux-mêmes le Fils de Dieu et le déshonorent publiquement.»

L'épître aux Hébreux était probablement adressée à un groupe de chrétiens juifs, d'après les références continuelles à l'Ancien Testament, le thème de l'ancienne alliance obsolète, et la préoccupation que les lecteurs se détournent de leur dépendance de Christ pour retourner au judaïsme. Aucune de ces préoccupations ne poserait problème si l'audience était principalement constituée de non-juifs chrétiens.

De toute évidence, ces chrétiens juifs commençaient à être désillusionnés par le christianisme. L'auteur écrit cette lettre dans le but de persuader ses frères et sœurs de garder la foi. Ces avertissements ne sont pas donnés à des individus qui tentent de se faire une idée de qui est le Christ. Ce sont des gens qui à un moment donné avaient exprimé leur foi en Dieu mais qui étaient en train d'envisager d'abandonner le christianisme au quotidien.

Ce passage parle d'individus qui avaient «goûté au don céleste». «Goûté« est ici utilisé dans le sens «d'expérimenter», et il est dit qu'ils «ont eu part» au Saint-Esprit. Il n'y a aucun doute concernant le fait que ce soient d'authentiques chrétiens. L'auteur craint qu'ils retournent à leur ancienne façon de vivre, y compris leur mode originel d'adoration (le judaïsme). Ils pensaient ainsi retourner au Dieu de leurs pères, mais en ce faisant, ils abandonneraient le Dieu de leurs pères.

L'auteur utilise les mots «changer d'attitude». C'est comme si ces chrétiens avaient changé d'avis à propos de Christ et ne pouvaient plus être convaincus autrement. En tournant le dos à Christ, ces Juifs approuvaient en essence ceux qui avaient arrêté Christ et l'avaient mis à mort. Leur reniement public conduirait les gens de l'extérieur à conclure qu'il ne devait pas y avoir grand-chose d'intéressant au christianisme, si ceux qui y avaient cru à une époque changeaient d'avis et revenaient à leur ancienne religion.

Cet avertissement, cependant, ne menace en rien la sécurité du chrétien. C'est au contraire un signe de la sécurité du chrétien. Si un Juif, qui attendait la venue du Messie, peut trouver le salut au travers de Christ, puis s'en éloigner sans craindre de perdre son salut, qu'est-ce que le reste d'entre nous avons à redouter?

Hébreux 10.26-31: «En effet, si nous péchons volontairement après avoir reçu la connaissance de la vérité, il ne reste plus de sacrifice pour les péchés, mais une terrible attente du jugement et l'ardeur du feu qui dévorera les adversaires de Dieu. Celui qui a violé la loi de Moïse est mis à mort sans pitié, sur la déposition de deux ou de trois témoins. Quelle peine bien plus sévère méritera-t-il donc, à votre avis, celui qui aura foulé aux pieds le Fils de Dieu, qui aura jugé sans valeur le sang de l'alliance grâce auquel il a été déclaré saint et aura insulté l'Esprit de la grâce? Nous connaissons en effet celui qui a dit: C'est à moi qu'appartient la vengeance, c'est moi qui donnerai à chacun ce qu'il mérite! Il a ajouté: Le Seigneur jugera son peuple. Oui, c'est une chose terrible que de tomber entre les mains du Dieu vivant.»

Si ce passage enseigne que le péché volontaire entraîne la perte du salut, il nous dit aussi que le salut peut se perdre à cause d'un seul péché volontaire. De plus, une fois perdu, il l'est pour toujours parce qu'il n'y a plus de sacrifice possible pour le péché.

L'auteur de l'épître aux Hébreux n'est pas en train de parler de la perte du salut. Le contexte et les détails du texte écartent la validité de cette interprétation.

Il avertit plutôt son audience juive des conséquences qu'une désobéissance volontaire à Christ. Ils ne pourront désormais plus justifier leur péché à la lumière du Messie à venir. Il est déjà venu. Lors de leur prochaine rencontre avec le Messie, il seront face à un Juge qui appliquera les décisions basées sur la nouvelle alliance. Pour les chrétiens qui vivent pour eux-mêmes avec peu ou pas de considération pour Dieu, ce sera une «chose terrible que de tomber entre les mains du Dieu vivant».

Apocalypse 3.5: «Le vainqueur sera habillé de vêtements blancs; je n'effacerai pas son nom du livre de vie et je le reconnaîtrai devant mon Père et devant ses anges.»

Ces commentaires étaient adressés à un groupe de fidèles chrétiens de l'église de Sardes. À la différence de la majorité de la congrégation de Sardes, ces quelques chrétiens ne s'étaient pas souillés dans le monde qui les entouraient. Christ les félicite pour leur marche assidue. À cinq autres reprises dans l'Apocalypse, l'apôtre Jean fait référence au «livre de vie». Dans deux de ces passages, il est clair qu'il ne croyait pas que le nom de quelqu'un puisse être effacé du livre de vie.

Apocalypse 13.8: «...et tous les habitants de la terre l'adoreront, tous ceux dont le nom n'a pas été inscrit dans le livre de vie de l'Agneau offert en sacrifice, et ce dès la création du monde.»

Apocalypse 17.8: « ...Les habitants de la terre, ceux dont le nom n'a pas été inscrit dès la création du monde dans le livre de vie, ...»

Jean utilise le mot «terre» dans Apocalypse 17.8 en faisant référence à l'univers tout entier (voir Jean 1.3 ; Actes 17.24). Il indique que le livre de vie a été rempli avant même que la première personne y figurant ne soit née. Si tel est le cas, la prescience de Dieu a quelque chose à voir avec les personnes qui ont été inscrites et celles qui ne l'ont pas été. Par anticipation de la mort de Christ pour les hommes, Dieu a écrit les noms de ceux qu'il savait déjà depuis l'éternité passée accepteraient le don de sa grâce. Dieu avait écrit avant que nous ne fassions quoi que ce soit. Il a rempli le livre de vie avec ce qu'il savait que nous ferions. Ainsi, il n'a pas écrit en fonction de ce que nous faisions réellement; il a écrit en fonction de ce qu'il savait que nous allions réellement faire.

Cette distinction est très importante. Car si Dieu écrivait les noms à mesure que l'histoire se déroule, on pourrait également avancer qu'il les efface à mesure que l'histoire se déroule. Mais si Dieu a entré nos noms selon sa prescience, il s'ensuit qu'il a terminé avant que le monde ne commence. Dans ce cas, personne n'a besoin de craindre que son nom ne soit effacé du livre de vie à un moment donné dans l'avenir.

En d'autres termes, le crayon de Dieu n'a pas de gomme! Avant notre naissance, Dieu savait que nous répondrions à l'offre de sa grâce. Selon sa prescience, il a écrit notre nom dans le livre de vie. Et il y restera à jamais.[2]

Questions à discuter

1. Revenez aux trois raisons pour lesquelles les gens doutent de l'assurance de leur salut. Laquelle pensez-vous pose en général le plus de problèmes? L'une d'entre elles vous a-t-elle posé problème?
2. Quelle est la différence entre le fait de baser mon sentiment de sécurité concernant mon salut sur ma fidélité envers Dieu et le fait de le baser sur sa fidélité envers moi? Quel impact cela a-t-il sur nos attitudes, nos motivations et nos actions en tant que chrétiens?
3. Que direz-vous à quelqu'un qui vous avouerait: «Cela fait des années que je vais à l'église, que je prie et que j'essaie de lire la Bible, mais j'ai le sentiment de ne pas vraiment être chrétien»?
4. Si je crois à la sécurité éternelle, qu'est-ce qui me motive à grandir? Laquelle de ces trois raisons a le plus de signification pour vous?

- La grâce

  En effet, c'est par la grâce que vous êtes sauvés, par le moyen de la foi. Et cela ne vient pas de vous, c'est le don de Dieu. Ce n'est pas par les oeuvres, afin que personne ne puisse se vanter. En réalité, c'est lui qui nous a faits; nous avons été créés en Jésus-Christ pour des oeuvres bonnes que Dieu a préparées d'avance afin que nous les pratiquions.

  – Éphésiens 2.8-10

- Les récompenses éternelles

  Tout ce que vous faites, faites-le de tout votre coeur, comme pour le Seigneur et non pour des hommes.

  – Colossiens 3.23

- Plaire à Dieu

  C'est aussi pour cela que nous nous efforçons de lui être agréables, soit que nous vivions dans ce corps, soit que nous le quittions.

  – 2 Corinthiens 5.9

Pour aller plus loin

Frank Allred, *Êtes-vous sûr d'être sauvé?* Europresse, 2001.
John MacArthur, *Sauvé sans aucun doute,* Publications chrétiennes, 2003.
Charles Spurgeon, *Croire - quoi, comment... en qui?* Europresse, 1994.
Charles R. Swindoll, *Éveil à la grâce,* Le Messager Chrétien, 1994.
Tony Anthony, *Pensez-y!* Motivé par l'essentiel, 2008.
Alain Stamp, *Croire - la preuve par 7,* Éditeur de littérature biblique, 2005.
Lewis Sperry Chafer, *Le salut,* Éditions Impact, 2003.

Réponses

moment spécifique
l'exactitude
péchés
Père
Jésus
intercéder
défenseur
fidèle

Esprit
conscience
prière
Écritures
péché
amour
autres chrétiens

La sanctification
1ère partie

Objectifs qui transforment la vie

- Développer la profonde conviction intérieure qu'à cause de l'amour de Jésus, vous êtes saint.
- Établir un fondement de vérité qui produira une croissance en Christ toute votre vie.

En tant que chrétien, nous avons été:

• justifiés,

déclarés éternellement non coupable (Romains 5.1; Galates 2.16);

• sanctifiés,

mis à part une fois pour toutes pour être saints (1 Corinthiens 6.11);

expérimenter la croissance à l'image de Christ (1 Thessaloniciens 5.23);

• glorifiés,

acte complet par lequel nous demeurerons avec Dieu pour l'éternité (Romains 8.30).

Au cours des deux dernières sessions, nous avons vu ce que signifiait être justifié. Dans cette étude, nous allons examiner ce que signifie être sanctifié.

Sanctifié signifie: «_________________________».

Dans l'Ancien Testament, c'étaient les lieux et les objets d'adoration qui étaient le plus souvent désignés comme «mis à part» pour l'honneur et l'usage de Dieu:

• des prêtres saints (Exode 28.41);

• des vêtements saints (Exode 29.21);

• un autel saint (Exode 30.10);

• la terre sainte (Lévitique 27.21).

Dans le Nouveau Testament, c'est le peuple de Dieu qui est «mis à part» pour l'honneur et l'usage divin.

> Si donc quelqu'un se purifie de ces choses, il sera un vase d'usage noble, saint, utile à son maître, prêt pour toute oeuvre bonne.
>
> – 2 Timothée 2.21

Le terme sanctifié est issu de la même racine que le mot saint. Dans la Bible, tous les chrétiens sont qualifiés de *saints*.

Nous n'avons pas à nous efforcer de *grandir* en sainteté. Nous sommes ____ ________________________________ (2 Pierre 3.18; 2 Corinthiens 10.15).

La doctrine de la sanctification établit le fondement de notre croissance en tant que chrétiens. Un des ingrédients manquants à notre croissance spirituelle est la compréhension de cette doctrine. Si nous ne comprenons pas la doctrine de la sanctification, nous pouvons facilement tomber dans les pièges suivants:

- essayer de grandir en Christ sur la base de nos propres efforts (légalisme);
- présumer que par la grâce de Dieu nous grandirons, quelle que soit notre façon de vivre (laxisme).

Bien qu'il existe des centaines de choses que nous puissions faire pour grandir spirituellement, tout repose sur le fondement de la foi. Pour pouvoir croître en tant que chrétiens, nous devons apprendre à nous voir avec les yeux de la foi, de la manière dont Dieu nous voit. Dans cette étude sur la sanctification, nous allons examiner cinq vérités particulières nous concernant, qui ne peuvent être acceptées que par la foi. Ces vérités constituent le fondement de notre croissance de chrétiens.

Dans cette session, nous allons examiner deux domaines qui sollicitent notre foi:

1. les deux aspects de la sanctification;
2. les deux natures du chrétien.

Dans la session suivante, nous couvrirons les trois autres vérités qui sollicitent notre foi:

3. la puissance de la grâce par rapport à la loi;
4. le processus quotidien de la croissance;
5. la promesse de Dieu d'achever son œuvre.

Les deux aspects de la sanctification

La sanctification fait référence à deux choses:

l'______________________________ de sanctification,

le ______________________________ de sanctification.

1. La sanctification a lieu une fois pour toute et elle est complète.

Et c'est en raison de cette volonté que nous avons été rendus saints par l'offrande du corps de Jésus-Christ une fois pour toutes.

– Hébreux 10.10

> C'est grâce à lui que vous êtes en Jésus-Christ, lui qui est devenu, par la volonté de Dieu, notre sagesse, notre justice, la source de notre sainteté et notre libérateur.
>
> - 1 Corinthiens 1.30

2. La sanctification est continuelle et progressive.

> Comme des enfants nouveau-nés désirez le lait pur de la parole. Ainsi, grâce à lui vous grandirez pour le salut.
>
> - 1 Pierre 2.2

> Recherchez la paix avec tous et la progression dans la sainteté: sans elle, personne ne verra le Seigneur.
>
> - Hébreux 12.14

> Mais grandissez dans la grâce et dans la connaissance de notre Seigneur et Sauveur Jésus-Christ.
>
> - 2 Pierre 3.18

Un verset résume ces deux actions:

> En effet, par une seule offrande il a conduit à la perfection pour toujours ceux qu'il rend saints.
>
> - Hébreux 10.14

Vous exprimez votre foi vis-à-vis de ces deux aspects lorsque vous dites : « Je suis une personne sanctifiée, qui est en train d'être sanctifiée ».

Ceci a été fait (achevé, accompli, établi) au moment du salut (1 Corinthiens 6.11; 2 Corinthiens 5.17).

Les deux natures du chrétien

Vous avez une nature _______________ et une _______________ nature.

Zoom

Les deux natures du chrétien: l'ancienne et la nouvelle

Notre ancienne nature, que la Bible appelle aussi la «nature propre» ou la «chair», correspond à nos désirs intérieurs et notre tendance à pécher. Il ne s'agit pas du sentiment d'être tenté, mais de la partie de nous qui choisira inévitablement de dire oui à certaines tentations. Avant de devenir chrétien, notre ancienne nature était notre seule nature. Nous possédons tous cette ancienne nature, cette propension naturelle au péché, à cause de la chute de l'homme dans le jardin d'Eden.

Notre nouvelle nature nous a été donnée au moment où nous avons donné notre vie à Christ. Cette nouvelle nature correspond à la nouvelle vie et à la nouvelle puissance de vivre, qui nous ont été données lorsque nous avons placé notre confiance en ce que Jésus a fait pour nous au travers de sa mort et de sa résurrection.

Un des aspects crucial de notre croissance chrétienne est d'apprendre à faire confiance à Dieu en ce qui concerne notre ancienne et notre nouvelle nature.

- Vous manifestez votre foi vis-à-vis de votre nouvelle nature lorsque vous vous percevez comme ________________________.

Si quelqu'un est en Christ, il est une nouvelle créature. Les choses anciennes sont passées; voici, toutes choses sont devenues nouvelles!

– 2 Corinthiens 5.17

1. J'étais «________________».

Nous sommes tous nés dans le péché parce que nous sommes les descendants d'Adam. Nous choisissons de pécher parce que c'est notre nature spirituelle. La Bible fait référence à notre condition comme étant en Adam, ce qui veut dire que nous sommes sujets au jugement et à la mort.

Comme tous meurent en Adam. . .

– 1 Corinthiens 15.22

2. Je suis désormais «________________».

La vie spirituelle ne s'obtient qu'au travers de la nouvelle naissance (Jean 3.6). Au moment où nous sommes nés de nouveau, notre âme s'est unie à Dieu à cause de Christ. Nous sommes maintenant en Christ.

Béni soit le Dieu et Père de notre Seigneur Jésus-Christ, qui nous a bénis de toute bénédiction spirituelle dans les lieux célestes en Christ! En lui, Dieu nous a choisis avant la création du monde pour que nous soyons saints et sans défaut devant lui. Dans son amour.

– Éphésiens 1.3-4

Il n'y a que deux catégories de personnes dans le monde: celles qui sont en Adam et celles qui sont en Christ. Nous sommes en Christ si Christ est en nous. Un échange de vie se produit: nous donnons notre vie à Jésus, et il nous donne la sienne.

Qui est cette «nouvelle personne»?

- Je suis la lumière du monde (Matthieu 5.14).
- Je suis un enfant de Dieu (Jean 1.12).
- Je suis l'ami de Christ (Jean 15.15).
- Je suis choisi et élu par Christ pour porter son fruit (Jean 15.16).
- Je suis un esclave de la justice (Romains 6.18).
- Je suis co-héritier avec Christ (Romains 8.17).
- Je suis un temple, la demeure de Dieu (1 Corinthiens 3.16; 6.19).
- Je suis un membre du corps de Christ (1 Corinthiens 12.27; Éphésiens 5.30).
- Je suis une nouvelle création (2 Corinthiens 5.17).
- Je suis réconcilié avec Dieu et ministre de la réconciliation (2 Corinthiens 5.18-19).

- Je suis un saint (Éphésiens 1.1; 2 Corinthiens 1.1-2).
- Je suis l'ouvrage de Dieu (Éphésiens 2.10).
- Je suis un citoyen du ciel (Phillipiens 3.20; Éphésiens 2.6).
- Je suis juste et saint (Éphésiens 4.24).
- Je suis caché avec Christ en Dieu (Colossiens 3.3).
- Je suis choisi et profondément aimé (Colossiens 3.12).
- Je suis un fils/une fille de la lumière et non des ténèbres (1 Thessaloniciens 5.5).
- Je suis un ennemi du diable (1 Pierre 5.8).
- Je suis victorieux (1 Jean 5.4).
- Je suis né de nouveau (1 Pierre 1.23).
- Je vis avec Christ (Éphésiens 2.5).
- Je suis plus que vainqueur (Romains 8.37).
- Je suis la justice de Dieu (2 Corinthiens 5.21).
- Je suis né de Dieu et le malin ne peut pas me toucher (1 Jean 5.18).
- Je serai semblable à Christ lorsqu'il reviendra (1 Jean 3.1-2).

Perspective personnelle

Des vérités pour vous aider à vivre votre nouvelle vie

1. Vous n'avez pas besoin d'_______________ votre nouvelle vie.

   Le renouvellement est une œuvre de Dieu.

   Vous avez revêtu l'homme nouveau qui se renouvelle pour parvenir à la vraie connaissance, conformément à l'image de celui qui l'a créé.

   - Colossiens 3.10

2. Vous n'avez pas besoin de travailler pour _______________ votre nouvelle vie.

   Votre nouvelle vie est gardée avec le Christ en Dieu.

   Vous êtes morts, en effet, et votre vie est cachée avec le Christ, en Dieu.

   - Colossiens 3.3

- Vous exprimez votre foi vis-à-vis de votre ancienne nature lorsque vous vous considérez comme ____________________________.

  Par le baptême, en sa mort, nous avons donc été ensevelis avec lui, afin que, comme Christ est ressuscité des morts par la gloire du Père, nous menions nous aussi une vie nouvelle.

  - Romains 6.4

Un des points de doctrine les plus controversés depuis des siècles porte sur ce que la Bible implique lorsqu'elle nous dit que notre vieille nature est morte. Certains suggèrent que cela signifie que cette vieille nature a disparu, ce qui de toute évidence n'est pas vrai, si l'on en croit notre expérience quotidienne! D'autres suggèrent que c'est une question d'autodiscipline: dire non à notre ancienne nature. Cependant, l'autodiscipline seule ne suffit pas à nous transformer.

Comment choisir de croire avec foi à ce que la Bible implique lorsqu'elle dit que notre ancienne nature pécheresse est morte?

> On vous a enseigné à vous débarrasser du vieil homme qui correspond à votre ancienne manière de vivre et se détruit sous l'effet de ses désirs trompeurs.
>
> – Éphésiens 4.22

Comment puis-je «me débarasser» du vieil homme?

- Pas en ______________________________
- Pas par des ______________________________
- Par la foi en ce que ______________________________

> Or, si nous sommes morts avec Christ, nous croyons que nous vivrons aussi avec lui.
>
> – Romains 6.8

Zoom

Ne passez pas à côté de cela!

Que signifie que notre ancienne nature «est morte»? (Cela ne signifie pas qu'elle n'est plus présente ou qu'elle n'a plus d'influence sur notre vie).

Cela signifie:

Qu'elle n'a plus le pouvoir de nous forcer à pécher: nous avons le choix.

Nous ne prenons plus plaisir à pécher comme avant: nous avons changé.

- Vous exprimez votre foi vis-à-vis de votre ancienne et votre nouvelle nature, lorsque vous vous prenez conscience d'avoir une nouvelle puissance pour surmonter le mal.

  Avant d'être sauvé, j'appartenais à ______________.

  > Vous, vous avez pour père le diable et vous voulez accomplir les désirs de votre père.
  >
  > – Jean 8.44

  Une fois sauvé, j'appartiens à ______________.

  > Vous en faites partie vous aussi, qui avez été appelés par Jésus-Christ.
  >
  > – Romains 1.6

Puisque j'appartiens à Dieu, Satan n'a pas le pouvoir de me contrôler.

> Soyez sobres, restez vigilants: votre adversaire, le diable, rôde comme un lion rugissant, cherchant qui dévorer. Résistez-lui avec une foi inébranlable.
>
> – 1 Pierre 5.8-9

Dieu n'a pas laissé notre croissance au hasard. Le fondement de notre sanctification n'est rien de moins que la mort et la résurrection de Jésus-Christ. Cela signifie deux choses:

Tout d'abord, à cause de la puissance de la crucifixion de Jésus, vous n'avez plus à être à la merci de votre ancienne nature.

> J'ai été crucifié avec Christ; ce n'est plus moi qui vis, c'est Christ qui vit en moi; et ce que je vis maintenant dans mon corps, je le vis dans la foi au Fils de Dieu qui m'a aimé et qui s'est donné lui-même pour moi.
>
> – Galates 2.20

Deuxièmement, à cause de la puissance de la résurrection de Jésus, vous avez une nouvelle nature.

> De la même manière, vous aussi, considérez-vous comme morts pour le péché et comme vivants pour Dieu en Jésus-Christ notre Seigneur. Que le péché ne règne donc plus dans votre corps mortel pour vous soumettre à lui par ses désirs. Ne mettez plus vos membres au service du péché comme des instruments de l'injustice, mais au contraire livrez-vous vous-mêmes à Dieu comme des morts revenus à la vie et mettez vos membres à son service comme des instruments de la justice.
>
> – Romains 6.11-13

Commencez d'apprendre la carte de mémorisation n°7 «La vérité au sujet de la sanctification».

Questions à discuter

1. Pensez-vous qu'il existe un seul chrétien qui se sente parfaitement saint? Vous souvenez-vous des moments et des lieux dans votre vie où vous vous êtes sentis le plus saint?
2. Quelles sont les dispositions intérieures qui vous encouragent et vous inspirent dans votre croissance en Christ? Quelles sont les attitudes qui font obstacle à votre croissance?
3. En quoi le fait de devenir un chrétien a-t-il changé votre vie? Quelles nouvelles habitudes avez-vous adopté en tant que nouveau chrétien?
4. Avez-vous été frustré par vos batailles avec le péché? En quoi pensez-vous que le fait de lutter par la foi en Dieu plutôt qu'avec votre simple volonté personnelle fera une différence dans votre vie quotidienne?
5. En quoi les vérités dont nous avons parlé vous aideraient à répondre à certaines des questions ci-dessous?
   - Je ne suis pas certain d'être chrétien à cause de la manière dont j'agis parfois.
   - Pourquoi est-ce que je continue à faire ce que je ne devrais pas, maintenant que je suis chrétien?

Réponses

mis à part
des saints qui grandissent
action achevée
processus journalier
ancienne
nouvelle
une nouvelle personne
en Adam
en Christ
accomplir
garder
mort au péché
l'ignorant
efforts humains
Dieu a fait
Satan
Dieu

La sanctification

2e partie

Objectif qui transforme la vie

Pour votre croissance, prendre la décision de vous appuyer sur la grâce plutôt que sur la loi, de croire au processus divin plutôt qu'à votre plan, et à la promesse de Dieu plutôt qu'à votre propre volonté.

Lors de la dernière session, nous avons appris que sanctifié signifie «mis à part» («saint» ou «consacré» vient de la même racine).

Dans l'Ancien Testament, c'étaient le plus souvent les lieux et les objets d'adoration qui étaient désignés comme «mis à part» pour l'honneur et l'usage de Dieu:

- les prêtres saints (Exode 28.41);
- les vêtements saints (Exode 29.21);
- un autel saint (Exode 30.10);
- la terre sainte (Lévitique 27.21).

Dans le Nouveau Testament c'est le peuple de Dieu qui est «mis à part» pour l'honneur et l'usage divin:

> Si donc quelqu'un se purifie de ces choses, il sera un vase d'usage noble, saint, utile à son maître, prêt pour toute oeuvre bonne.
>
> – 2 Timothée 2.21

Et nous avons abordé les deux premières manières de placer notre foi en Dieu pour notre sanctification:

1. les deux aspects de la sanctification,
2. les deux natures du chrétien.

Nous ne pouvons opérer nous-même notre croissance, c'est l'œuvre de Dieu. Néanmoins, nous pouvons coopérer avec Dieu dans ce processus. Au cours de cette session, nous allons examiner trois autres manières d'exercer notre foi concernant ce que Dieu est en train de faire pour nous faire grandir.

La puissance de la __________ sur la __________

Tout comme nous sommes justifiés par la foi et la grâce, nous sommes sanctifiés par la foi et la grâce.

> Manquez-vous à ce point de bon sens? Après avoir commencé par l'Esprit, voulez-vous maintenant finir par vos propres forces?
>
> – Galates 3.3

> Ainsi donc, tout comme vous avez accueilli le Seigneur Jésus-Christ, marchez en lui.
>
> – Colossiens 2.6

- Par la foi, nous pouvons dire: «Je suis ________________ de la loi.»

  La loi n'est pas morte; elle n'est même pas «mauvaise» comme l'est notre ancienne nature. La loi ne peut tout simplement pas nous apporter le salut. Elle peut révéler notre péché, mais elle ne peut nous justifier devant Dieu.

  > En effet, la loi de l'Esprit qui donne la vie en Jésus-Christ m'a libéré de la loi du péché et de la mort.
  >
  > – Romains 8.2

  > Et même, de ce point de vue, ce qui était glorieux a perdu son éclat à cause de la gloire qui lui est supérieure.
  >
  > – 2 Corinthiens 3.10

- Par la foi nous pouvons dire: «J'ai un ________________________!»

  > Et une fois libérés du péché, vous êtes devenus esclaves de la justice.
  >
  > – Romains 6.18

  > Mais maintenant nous avons été libérés de la loi, car nous sommes morts à ce qui nous retenait prisonniers, de sorte que nous servons sous le régime nouveau de l'Esprit et non sous le régime périmé de la loi écrite.
  >
  > – Romains 7.6

Le ______________________________ de la croissance

- Par la foi nous demandons à Dieu de ____________________________ ____________________________.

  > On vous a enseigné à vous débarrasser du vieil homme qui correspond à votre ancienne manière de vivre et se détruit sous l'effet de ses désirs trompeurs, à vous laisser renouveler par l'Esprit dans votre intelligence et à vous revêtir de l'homme nouveau, créé selon Dieu dans la justice et la sainteté que produit la vérité.
  >
  > – Éphésiens 4.22-24

Au cours de la session précédente, nous avons examiné le fait de se dévêtir de l'ancien et de revêtir le nouveau. Le renouvellement de notre intelligence est souvent l'étape oubliée de ce processus. Le renouvellement intérieur est la clé de la transformation extérieure.

Ne vous conformez pas au monde actuel, mais soyez transformés par le renouvellement de l'intelligence afin de discerner quelle est la volonté de Dieu, ce qui est bon, agréable et parfait.

- Romains 12.2

Voilà pourquoi nous ne perdons pas courage. Et même si notre être extérieur se détruit, notre être intérieur se renouvelle de jour en jour.

- 2 Corinthiens 4.16

Éphésiens 4.25-32 nous aide à voir qu'un des aspects clé de ce renouvellement interne est la capacité de comprendre les raisons positives pour lesquelles Dieu souhaite entreprendre un changement en nous. Une intelligence renouvelée donne la capacité de voir les choses de la même manière que Dieu. Elle se focalise sur une nouvelle façon de percevoir le monde, qui a été notre point central dans cette étude sur les *Fondements*.

Enlevez le vieux moi	**Revêtez le nouveau moi**	**Renouvelez vos pensées**
Abandonnez la fausseté...	... parlez dans la vérité à son voisin...	... car nous sommes tous membres d'un seul corps.
Dans votre colère ne péchez pas...	... ne laissez pas le soleil se coucher alors que vous êtes toujours en colère...	... ne donnez pas un accès au diable.
Celui qui volait ne doit plus continuer à voler...	... mais il doit travailler...	... afin qu'il ait quelque chose à partager avec ceux qui sont dans le besoin.
Ne laissez aucune parole malsaine sortir de votre bouche...	... mais uniquement ce qui est utile à développer les autres...	... n'attristez pas le Saint-Esprit.
Débarrassez-vous de toute amertume, rage et colère, querelle et calomnie...	... soyez aimable plein de compassion les uns envers les autres, vous pardonnant les uns les autres...	... tout comme en Christ, Dieu vous a pardonnés.

- Par la foi, nous pratiquons les ______________________________.

Exerce-toi plutôt à la piété.

- 1 Timothée 4.7

Exerce-toi plutôt à rester spirituellement en forme, entraîne-toi à rester attaché à Dieu et à mener une conduite qui corresponde à ta foi.

- 1 Timothée 4.7 - PV

Zoom

Voici trois des disciplines de croissance les plus importantes au travers desquelles Dieu nous sanctifie:

1. Un moment chaque jour - dans la Parole de Dieu et dans la prière

   Jésus répondit: «Il est écrit: L'homme ne vivra pas de pain seulement, mais de toute parole qui sort de la bouche de Dieu.»

   - Matthieu 4.4

   Consacre-les par ta vérité! Ta parole est la vérité.

   - Jean 17.17

2. Une dîme hebdomadaire pour Dieu

   Apportez toutes les dîmes à la maison du trésor afin qu'il y ait de la nourriture dans ma maison. Mettez-moi ainsi à l'épreuve, dit l'Eternel, le maître de l'univers, et vous verrez si je n'ouvre pas pour vous les fenêtres du ciel, si je ne déverse pas sur vous la bénédiction en abondance.

   - Malachie 3.10

   Ils ont fait plus que ce que nous espérions, car ils se sont d'abord donnés eux-mêmes au Seigneur, puis à nous, par la volonté de Dieu.

   - 2 Corinthiens 8.5

3. Un engagement régulier dans un petit groupe

   Ainsi donc, vous n'êtes plus des étrangers ni des résidents temporaires; vous êtes au contraire concitoyens des saints, membres de la famille de Dieu.

- Par la foi, nous choisissons de faire confiance à Dieu dans les ________ ____________________________.

  Dieu permet que nos choix soient un des facteurs-clés de notre croissance. Un des choix les plus importants que nous faisons est notre façon de répondre aux difficultés et aux épreuves que nous rencontrons et qui font partie de la vie.

  Mes frères et sœurs, considérez comme un sujet de joie complète les diverses épreuves auxquelles vous pouvez être exposés, sachant que la mise à l'épreuve de votre foi produit la persévérance. Mais il faut que la persévérance accomplisse parfaitement sa tâche afin que vous soyez parfaitement qualifiés, sans défaut, et qu'il ne vous manque rien.

  - Jacques 1.2-4

  Bien plus, nous sommes fiers même de nos détresses, sachant que la détresse produit la persévérance, la persévérance la victoire dans l'épreuve, et la victoire dans l'épreuve l'espérance. Or cette espérance ne trompe pas, parce que l'amour de Dieu est déversé dans notre coeur par le Saint-Esprit qui nous a été donné.

  - Romains 5.3-5

  Ainsi, bien qu'étant Fils, il a appris l'obéissance par ce qu'il a souffert.

  - Hébreux 5.8

La promesse de Dieu ____________________

Quel est le but suprême que Dieu cherche à atteindre dans notre vie?

Le but est d'être semblable à Christ.

> Du reste, nous savons que tout contribue au bien de ceux qui aiment Dieu, de ceux qui sont appelés conformément à son plan. En effet, ceux qu'il a connus d'avance, il les a aussi prédestinés à devenir conformes à l'image de son Fils, afin que celui-ci soit le premier-né d'un grand nombre de frères.
>
> – Romains 8.28-29

> Mais nous savons que, lorsque Christ apparaîtra, nous serons semblables à lui parce que nous le verrons tel qu'il est.
>
> – 1 Jean. 3.2

> ... jusqu'à ce que nous parvenions tous à l'unité de la foi et de la connaissance du Fils de Dieu, à la maturité de l'adulte, à la mesure de la stature parfaite de Christ.

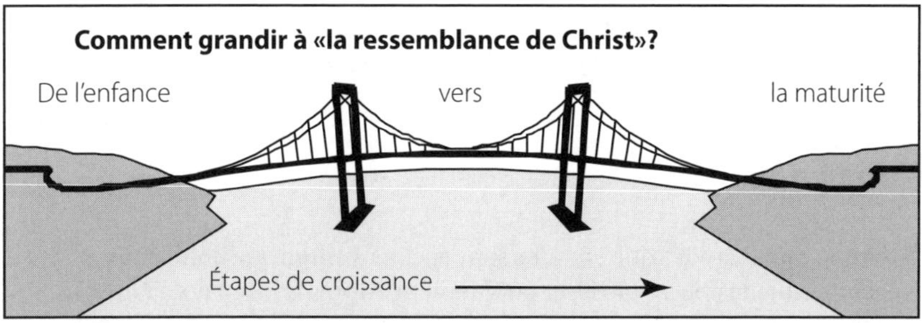

- Par la foi, nous croyons en la capacité de Dieu d'accomplir son œuvre dans notre vie.

  Nous ne sommes pas seuls! Dieu travaille à notre croissance. Il est à l'œuvre pour nous rendre semblables à son Fils Jésus.

  Dieu ____________________ à nous faire grandir.

  > Et je me consacre moi-même pour eux afin qu'eux aussi soient consacrés par la vérité.
  >
  > – Jean 17.19

  > En lui, Dieu nous a choisis avant la création du monde pour que nous soyons saints et sans défaut devant lui. Dans son amour il nous a prédestinés à être ses enfants adoptifs par Jésus-Christ. C'est ce qu'il a voulu, dans sa bienveillance, pour que nous célébrions la gloire de sa grâce, dont il nous a comblés dans le bien-aimé.
  >
  > – Éphésiens 1.4-6

  Notre source de motivation: Dieu ____________________ que nous soyons sanctifiés et il y ____________________.

  > Je suis persuadé que celui qui a commencé en vous cette bonne œuvre la poursuivra jusqu'à son terme, jusqu'au jour de Jésus-Christ.
  >
  > – Philippiens 1.6

Perspective personnelle

La croissance ne s'opère pas en ______________________________________,
mais en ____.

Faire confiance signifie: faire à l'extérieur ce que Dieu fait à l'intérieur.

> ... mettez en œuvre votre salut avec crainte et profond respect. En effet, c'est Dieu qui produit en vous le vouloir et le faire pour son projet bienveillant.
>
> - Philippiens 2.12-13

> A celui qui peut vous garder de toute chute et vous faire paraître devant sa gloire irréprochables et dans l'allégresse, oui, à Dieu seul sage, qui nous a sauvés par Jésus-Christ notre Seigneur, appartiennent gloire, majesté, force et puissance avant tous les temps, maintenant et pour l'éternité! Amen!
>
> - Jude 24-25

Terminez d'apprendre la carte de mémorisation n°7 «La vérité au sujet de la sanctification».

Questions à discuter

1. Pourquoi pensez-vous que certains sont enclins à croire que notre croissance spirituelle peut se mesurer uniquement d'après la façon dont nous observons certaines lois ou règles?
2. Quelles sont les deux ou trois choses concrètes que nous pouvons faire pour coopérer avec Dieu dans son désir de renouveler notre intelligence?
3. Quelles disciplines de croissance Dieu utilise-t-il le plus fréquemment et/ou le plus efficacement dans votre vie?
4. Personne ne deviendra parfaitement semblable à Christ tant que nous serons sur terre. Quels moyens concrets et personnels employez-vous pour ne pas vous décourager tout en vous efforçant d'atteindre un but que vous n'atteindrez pas avant d'arriver au ciel?

Pour aller plus loin

Jerry Bridges, *La joie de craindre Dieu*, La Maison de la Bible, 2004.
William MacDonald, *ABC du disciple*, La Maison de la Bible, 2006.
Charles Price, *Une vie transformée*, La Maison de la Bible, 2002.
Richard Foster, *Éloge de la discipline*, Éditions Vida, 1993.
Neil T. Anderson, *Une nouvelle identité pour un nouvelle vie*, Éditeur de littérature biblique, 1993.
V. Raymond Edman, *Les disciplines de la vie*, Éditeur de littérature biblique, 1984.
Alfred Kuen, *Laissez-vous transformer*, Éditions Emmaus, 2000.

Réponses

grâce
loi
libéré
nouveau maître
processus quotidien
renouveler notre intelligence
disciplines de la croissance
circonstances de la vie
d'achever son œuvre
s'engage
veut
travaille
essayant de toutes nos forces
en lui faisant confiance

Dieu permet des choses, Dieu permet que ça arrive, pour que l'on puisse rentre témoignage, pour que l'on puisse tiré des conclusion.

Dieu ns à créer pr q l'on puisse l'adorer et l'aimer, témoigner.

prière : Mary T -> rétablissement // Marlène -> blocage cou // frère Grégory -> loyer

Mamadou - françoise - mariage.

Le bien et le mal

1ère partie

Objectif qui transforme la vie

Vous communiquer les vérités bibliques dont vous avez besoin pour répondre aux questions concernant le fait que nous vivons dans un monde où le mal règne.

Durant les deux prochaines sessions, nous examinerons ce que dit la Bible sur le fait que le bien et le mal coexistent dans le monde. De nombreuses questions trouvent réponse lorsque l'on comprend la perspective de Dieu sur cette vérité.

- Comment Dieu peut-il permettre la guerre ou la mort des enfants?
- Si Dieu est tout-puissant et plein d'amour, pourquoi ne peut-il pas arrêter le mal?
- Pourquoi de mauvaises choses arrivent-elles à de braves gens?
- À voir ce qui se passe dans le monde, ne suis-je pas en train de me leurrer en pensant qu'il existe un espoir quelconque?
- Est-ce que cela s'arrêtera un jour? Quand?

Tout d'abord, nous allons aborder le problème général du bien et du mal. Pourquoi existe-t-il dans ce monde?

Puis, nous aborderons l'aspect personnel du bien et du mal. Comment puis-je remporter la bataille contre le mal dans ma vie personnelle?

Pourquoi le mal existe-t-il dans le monde que Dieu a créé?

Trois vérités

1. Dieu est bon.

Son caractère est bon.

> Car l'Eternel est bon: sa bonté dure éternellement, et sa fidélité de génération en génération.
>
> – Psaume 100.5

Ses actions sont bonnes.

> Dieu regarda tout ce qu'il avait fait, et il constata que c'était très bon.
>
> – Genèse 1.31

2. Dieu est tout-puissant.

Tu es le Dieu grand et puissant qui as pour nom l'Eternel, le maître de l'univers.

– Jérémie 32.18

3. Le mal règne dans le monde.

Et voici quel est ce jugement: la lumière est venue dans le monde et les hommes ont préféré les ténèbres à la lumière parce que leur manière d'agir était mauvaise.

– Jean 3.19

N'aimez pas le monde ni ce qui est dans le monde.

– 1 Jean 2.15

Comment ces affirmations peuvent-elles toutes être vraies?

Comment un Dieu bon et tout-puissant a-t-il pu créer un monde dans lequel le mal existe et continue à exister? Une pléiade de jargon théologique et philosophique peut se résumer en une seule phrase:

Il n'y a pas d'amour sans choix.

Dieu aurait pu créer une personne qui n'aurait pas eu la possibilité de choisir de pécher, mais cette personne n'aurait alors pas eu la possibilité de choisir d'aimer.

Zoom

Deux vérités à garder à l'esprit

1. Dieu est souverain.
2. L'être humain possède un libre arbitre.

Comment concilier ces deux affirmations? Si Dieu nous donne le choix, cela ne nous confère-t-il pas un contrôle, à son détriment? Notre Dieu est un Dieu extraordinaire! Il est capable de donner à ses créatures un libre arbitre, tout en gardant un contrôle complet sur sa création. Comment fait-il cela? Il est Dieu!

Avertissement: veillez à maintenir ces vérités en équilibre. Si vous penchez trop du côté du contrôle absolu de Dieu, vous allez glisser vers le fatalisme: «ce que l'on fait n'a pas d'importance». Si vous penchez trop du côté du libre arbitre humain, vous glisserez vers l'humanisme: «nous contrôlons notre destinée».

Il existe trois raisons pour lesquelles le mal existe dans notre monde.

La volonté de Dieu: parce que Dieu permet l'existence du mal

Le problème du mal et de la souffrance est probablement le seul défi intellectuel de taille concernant le christianisme. Il est difficile pour l'être humain de comprendre comment un Dieu d'amour peut permettre l'existence du mal.

1. Il a créé un monde dans lequel le mal pouvait exister.

   Dans Genèse 3:

   - Dieu a planté l'arbre de la connaissance du bien et du mal.
   - Dieu a laissé Satan errer dans le jardin sous la forme d'un serpent.
   - Dieu n'a pas empêché à Adam et Ève de manger du fruit.

2. Dieu permet au mal de continuer d'exister.

   - Dieu nous laisse faire de mauvais choix.

   Alors je les ai livrés aux penchants de leur coeur, et ils ont suivi leurs propres projets.

   – Psaume 81.13

   - Dieu permet des conséquences douloureuses aux mauvais choix que nous faisons.

   Lorsque quelqu'un péchera en faisant sans le savoir, contre l'un des commandements de l'Eternel, des choses qui ne doivent pas se faire, il se rendra coupable et sera chargé de sa faute.

   – Lévitique 5.17

Zoom

La réponse de Dieu à la souffrance

Le fait que Dieu permette la souffrance ne signifie pas qu'il s'en réjouisse.

1. Il provoque la souffrance de certains. Il punit le mal (Ésaïe 13.11).
2. Il éprouve de la compass° pour tous ceux qui souffrent (2 Corinthiens 1.3-4; Lamentations de Jérémie 3.22-23; Matthieu 14.14).
3. Il désire prendre soin de nous dans notre souffrance (Psaume 46.1; Hébreux 4.16).
4. Il développe notre caractère au travers de la souffrance (Jacques 1.2-4; Hébreux 2.10).
5. Un jour, Il fera cesser toute souffrance (Apocalypse 21.3-4; Romains 8.18).

Dieu est compatissant / attentionné / prend soin de nous ds la souffrance
EDEN = délices Dieu aime l'h-mais pas les péchés

L'influence de Satan: Satan inflige le mal

L'influence de Satan est la seconde raison pour laquelle le mal existe dans notre monde aujourd'hui. Le mal n'est pas une nouvelle création de Satan: Satan n'a pas le pouvoir de créer quoi que ce soit. Tout ce qu'il peut faire, c'est essayer de corrompre ou de distordre ce que Dieu a créé.

Les conditions météorologiques sont-elles mauvaises?

L'ambition est-elle mauvaise? ~~oui~~ du moment qu'on n'écrase pas autrui.

Le sexe est-il mauvais? avant le mariage non, mais après oui car ça unit le couple.

Votre aptitude à parler est-elle mauvaise?

Toutes ces choses sont de bonnes créations de Dieu. Le mal, c'est lorsque Satan les déforme en catastrophes naturelles, en guerres, en immoralité ou en calomnie.

ne pas laisser de faille car ~~Dieu entre~~ Satan entre dès la moindre fissure

En tant que chrétiens, nous devons comprendre et vaincre l'ennemi sans le glorifier. Satan a de la puissance, mais il est également stupide. (Pourquoi aurait-il péché contre Dieu sinon?)

Satan: une brève biographie

La plupart des idées que nous avons sur Satan et des représentations que nous en faisons, ont davantage été influencées par la littérature, comme l'*Enfer* de Dante et le *Paradis Perdu* de Milton, que par la Bible. Nous allons examiner ce que nous dit exactement la Bible de la personne de Satan.

1. C'était un ange dans le ciel (Apocalypse 12.3-9; 9.11).
2. Au ciel, il a chuté à cause de son orgueil.

nous sommes au cœur d'un combat entre faire le bien et le mal.

> Il y eut alors une bataille dans le ciel. Michel et ses anges combattirent contre le dragon. Le dragon et ses anges combattirent aussi, mais ils ne furent pas les plus forts, et il n'y eut plus de place pour eux dans le ciel. Il fut jeté dehors, le grand dragon, le serpent ancien, appelé le diable et Satan, celui qui égare toute la terre; il fut jeté sur la terre et ses anges furent jetés avec lui.
>
> – Apocalypse 12.7-9

Si nous tournons nos yeux vers Dieu, nous pourrons avoir la victoire. demandons à Dieu sa réflection.

> Comment es-tu tombé du ciel, astre brillant, fils de l'aurore? Te voilà abattu par terre, toi qui terrassais les nations! Tu disais dans ton coeur: «Je monterai au ciel, je hisserai mon trône au-dessus des étoiles de Dieu et je siégerai sur la montagne de la rencontre, à l'extrême nord. Je monterai au sommet des nuages, je ressemblerai au Très-Haut. Pourtant, tu as été précipité dans le séjour des morts, dans les profondeurs de la tombe.
>
> – Ésaïe 14.12-15

3. Il détient une liberté limitée pour influencer la terre.

La limite de Satan: il doit demander la permission à Dieu.

Quelques exemples:

le rôle de Satan nous détruire, séparer de Dieu: ac le doute, la souffrance.

- Job (Job 1.6-12; 2.1-6)
- Pierre: «Satan vous a réclamés pour vous passer au crible comme le blé» (Luc 22.31).

Qd on choisit de faire le bien ac excellente conséquence, ms si grace ne poursuit js la fin de notre vie.

4. Il est irrémédiablement condamné à la destruction éternelle.

Satan sera jeté dans le lac de feu et de souffre pour y être tourmenté à jamais.

Le diable, qui les égarait, fut jeté dans l'étang de feu et de soufre.

– Apocalypse 20.10

Le choix de l'être humain: nous acceptons le mal

Souvenez-vous de deux vérités:

1. Le mal a commencé avec ____________ (Genèse 3).

Le choix qu'Adam et Ève ont fait en péchant a eu de terribles conséquences:

- S'ils mangeaient du fruit de l'arbre ils allaient «mourir, c'est certain». Le péché entraîne la mort: la mort physique et spirituelle.

Mais tu ne mangeras pas le fruit de l'arbre de la connaissance du bien et du mal, car le jour où tu en mangeras, tu mourras, c'est certain.

– Genèse 2.17

- Parce qu'ils avaient mangé de l'arbre de la connaissance, ils ont été bannis du jardin d'Eden. Le péché nous condamne à vivre dans un monde déchu et imparfait.

Ainsi, l'Eternel Dieu le chassa du jardin d'Eden pour qu'il cultive la terre d'où il avait été tiré.

– Genèse 3.23

- Étant leurs descendants, Adam et Ève nous ont transmis une nature pécheresse. Lorsqu'ils ont mordu dans ce fruit, le péché nous a tous contaminés. C'est pourquoi inévitablement, nous péchons tous. Nous n'avons pas le choix de refuser la tentation du mal.
- C'est ce qu'on appelle le «péché originel». Nous n'avons pas une ardoise intacte. Nous démarrons tous dans la vie avec la connaissance du bien et du mal et avec un cœur défectueux qui nous pousse à pécher.

C'est pourquoi, de même que par un seul homme le péché est entré dans le monde, et par le péché la mort, de même la mort a atteint tous les hommes parce que tous ont péché.

– Romains 5.12

D. permet q Satan fasse du mal pour q notre foi puisse grandir. On est blessé, et là il ft continuer à prier Dieu. D. ne permettra jms q l'on soit touché au delà de nos forces. Santan s'est séparé avec Dieu. Séparat° de Dieu = souffrance. C notre âme qui est éternelle grâce à Dieu (= penser, esprit, émotions,...) le corps lui disparait. notre âme doit aimer Dieu à jamais.

Demander à Dieu ce qui est bon et mauvais lorsque l'épreuve est là, il nous faut nous tourner vers Dieu. Tous ce qui se passe sur terre c'est dieu qui permet

2. Le mal est présent en ____________.

Ce n'est pas seulement de «leur faute». Nous devons être capable d'admettre que le «mal est présent en moi».

Je découvre donc cette loi: alors que je veux faire le bien, c'est le mal qui est à ma portée. est restera toujours

– Romains 7.21

Pourquoi je suis tenter et pourquoi je cède. Seigneur aide moi.

Que dire donc? Sommes-nous supérieurs aux autres? Pas du tout. En effet, nous avons déjà prouvé que Juifs et non-Juifs sont tous sous la domination du péché, comme cela est écrit: Il n'y a pas de juste, pas même un seul; aucun n'est intelligent, aucun ne cherche Dieu; tous se sont détournés, ensemble ils se sont pervertis; il n'y en a aucun qui fasse le bien, pas même un seul.

– Romains 3.9-12

La ligne qui sépare le bien et le mal ne passe pas par les États, ni entre les classes ou les partis politiques, mais par le cœur-même de chaque être humain.[1]

Les questions qui restent en suspens

Pourquoi Dieu continue-t-il à permettre le mal? Pourquoi n'y met-il pas un terme?

1. Il a déjà vaincu le mal (1 Corinthiens 15.57; Colossiens 2.15).

   Il a vaincu le mal à la croix et nous permettra de se joindre à lui dans cette victoire pour l'éternité. Nous menons un combat dont la victoire finale est assurée.

2. Il est ____________________.

   Dieu a prévu ce qu'il faut pour le salut de tous (1 Jean 2.2).

   Dieu désire que tous soient sauvés (1 Timothée 2.3–4).

   Il fait preuve de patience envers nous, voulant qu'aucun ne périsse (2 Pierre 3.9).

Perspective personnelle

Comment répondez-vous à quelqu'un qui vous demande par exemple: «Comment un Dieu parfait, bon et tout-puissant peut-il permettre les guerres et les maladies? » Lorsque nous traversons une tragédie, notre première réaction est de demander: «Pourquoi? Pourquoi Dieu permet-il cela?» Cette étude nous a rappelé certaines réponses, pour nous-mêmes et pour les autres.

1. Le monde est mauvais, non pas à cause de la création de Dieu, mais à cause des ____________________ de l'être humain.
2. Dieu prend ____________________ de ceux qui souffrent.
3. Le but annoncé de Dieu est d'un jour définitivement éliminer le mal.
4. Il attend, pour que davantage de personnes puissent être ________________, et ne souffrent pas d'une séparation éternelle d'avec lui.

Commencez d'apprendre la carte de mémorisation n°8 «La vérité au sujet du bien et du mal».

Questions à discuter

1. Pourquoi pensez-vous qu'il soit important que nous soyons honnêtes concernant le fait que nous vivons dans un monde où le mal règne? Que se passe-t-il lorsque nous vivons dans le déni de la réalité du mal?
2. Pourquoi pensez-vous qu'il ait été important pour Dieu de nous donner un libre arbitre?
3. Quelle est la différence entre le fait que Dieu permette le mal et le fait que Dieu provoque le mal?
4. Qu'est-ce qui vous donne le plus d'espérance et d'encouragement face à vos souffrances personnelles?
5. Qu'est-ce qui vous a aidé à remplacer vos craintes au sujet de Satan et du mal par la foi en Dieu?
6. Pourquoi est-il malsain de toujours blâmer les autres pour le mal dans le monde?
7. Jésus nous a appris à prier «délivre-nous du mal» (Matthieu 6 .13). Pour quelles circonstances souhaiteriez-vous que les autres prient pour que vous soyez délivré du mal?

Réponses

caractère
actions
amour
choix
permet
pouvait exister
continuer d'exister
provoque
compassion
soin
caractère
cesser
inflige
ange
chuté
limitée
la permission, Dieu
condamné
acceptons
eux
moi
patient
choix
soin
sauvées

Le bien et le mal

2e partie

Objectif qui transforme la vie

Vous permettre de vivre dans la victoire, sur le mal et sur Satan:

- concernant une pensée en particulier;
- concernant une habitude en particulier;
- concernant une relation en particulier;
- concernant un problème en particulier.

Perspective personnelle

Vous avez la victoire sur Satan!

> Tout ce qui est né de Dieu remporte la victoire contre le monde, et la victoire qui a triomphé du monde, c'est votre foi.
>
> – 1 Jean 5.4

> Il a ainsi dépouillé les dominations et les autorités et les a données publiquement en spectacle en triomphant d'elles par la croix.
>
> – Colossiens 2.15

> Mais que Dieu soit remercié, lui qui nous donne la victoire par notre Seigneur Jésus-Christ!
>
> – 1 Corinthiens 15.57

> Au contraire, dans tout cela nous sommes plus que vainqueurs grâce à celui qui nous a aimés.
>
> – Romains 8.37

Dans la session précédente, nous avons examiné le problème du mal en général. Au cours de cette session, nous allons nous concentrer sur la bataille personnelle que nous livrons chacun avec le mal. Comme vous pouvez le voir d'après les versets ci-dessus, Dieu nous a garanti la victoire, mais elle ne vient pas sans lutte. Dans cette étude, nous allons examiner comment remporter la bataille avec le mal dans la vie de tous les jours.

Fixez votre esprit sur la victoire

Soyez vigilant

La Bible nous communique deux images fortes pour nous aider à rester vigilants et sur nos gardes:

1. Nous vivons « derrière les lignes ennemis ».

   Nous savons que nous sommes de Dieu et que le monde entier est sous la puissance du mal.

   – 1 Jean 5.19

2. Satan est un « lion rugissant ».

   Soyez sobres, restez vigilants: votre adversaire, le diable, rôde comme un lion rugissant, cherchant qui dévorer.

   – 1 Pierre 5.8

Soyez humble

Dieu s'oppose aux orgueilleux, mais il fait grâce aux humbles. Soumettez-vous donc à Dieu, mais résistez au diable et il fuira loin de vous.

– Jacques 4.6-7

Dans tous les cas, vous devez commencer par résister à Satan et vous soumettre à Dieu.

Soyez confiant

- Confiant à cause de la présence de Dieu

  Celui qui est en vous est plus grand que celui qui est dans le monde.

  – 1 Jean 4.4

- Confiant à cause de la promesse de Dieu

  Le Dieu de la paix écrasera bientôt Satan sous vos pieds. Que la grâce de notre Seigneur Jésus-Christ soit avec vous!

  – Romains 16.20

- Confiant à cause de vos prières

Jésus nous a dit de prier avec foi pour remporter une victoire personnelle sur le mal.

Ne nous expose pas à la tentation, mais délivre-nous du mal.

– Matthieu 6.13

Comprenez les trois portes d'accès au mal

Satan est la source de tout mal. Il existe trois portes d'accès différentes, par lesquelles le mal parvient à nous influencer en tant qu'individus. Pour vivre dans la victoire, vous devez comprendre ce que sont ces accès et connaître les stratégies bibliques de la victoire.

Le Monde (philosophie de vie sans Dieu).

Connaître votre ennemi

Dans toute bataille, une des clés de la victoire sur son ennemi est de connaître cet ennemi et de comprendre son fonctionnement.

«Le monde» représente ici les philosophies et les influences qui règnent sur cette terre.

> En effet, tout ce qui est dans le monde - la convoitise qui est dans l'homme, la convoitise des yeux et l'orgueil dû aux richesses - vient non du Père, mais du monde.
>
> – 1 Jean 2.16

Stratégie de victoire

Quel choix personnel puis-je faire pour commencer à jouir de la victoire sur ce terrain de bataille en particulier?

aimer le Seigneur.

si amour pr D ↑ alors amour monde ↓.

Examinons attentivement 1 Jean 2.15-17.

> N'aimez pas le monde ni ce qui est dans le monde. Si quelqu'un aime le monde, l'amour du Père n'est pas en lui. En effet, tout ce qui est dans le monde - la convoitise qui est dans l'homme, la convoitise des yeux et l'orgueil dû aux richesses - vient non du Père, mais du monde. Or le monde passe, sa convoitise aussi, mais celui qui fait la volonté de Dieu demeure éternellement.
>
> – 1 Jean 2.15-17

amour relationnelle ac D pas en 1 seconde, dc ↑ temps ac.

La chair

Connaître votre ennemi

* marcher selon l'esprit
* servez vous les uns les autres

Une parole à propos

Deux significations de «la chair» dans la Bible:

1. Notre corps physique traduit aussi par «nature» ou «homme» (1 Corinthiens 15.39; Jean 1.14 - Segond 21)
2. Notre disposition spirituelle à pécher, traduit aussi par «nature propre» ou «nature humaine» (1 Corinthiens 3.3; Romains 8.3 – Segond 21).

C'est très important! Il y a une énorme différence entre dire: «Notre corps est mauvais » et «notre chair est mauvaise» ou notre «nature humaine» est mauvaise.

Vous souvenez-vous de notre étude sur le Saint-Esprit? Notre corps est destiné à être le temple du Saint-Esprit! 1 Corinthiens 15 nous dit que notre corps sera un jour ressuscité pour la vie éternelle. Le péché naît dans notre cœur désobéissant, pas dans notre corps physique. Le péché vient de l'intérieur et non de l'extérieur. Le cœur est le siège du mal. Nous n'avons pas de mauvaises pensées parce que nous vivons dans un monde mauvais; nous vivons dans un monde mauvais parce que nous avons de mauvaises pensées (Matthieu 15.10–20)!

Stratégie de victoire

> Mais vous, frères, vous avez été appelés à la liberté. Seulement ne faites pas de cette liberté un prétexte pour vivre selon les désirs de votre propre nature. Au contraire, laissez-vous guider par l'amour pour vous mettre au service les uns des autres . . . Voici donc ce que j'ai à vous dire: laissez le Saint-Esprit diriger votre vie et vous n'obéirez plus aux désirs de votre propre nature.
>
> – Galates 5.13, 16

___servez___ les uns les autres dans l'amour.
___vivez___ selon l'Esprit.

Le diable

Connaître votre ennemi

Révisons la session d'étude précédente.

Stratégie de victoire

Revêtez l'____________________ spirituelle.

> C'est pourquoi, prenez toutes les armes de Dieu afin de pouvoir résister dans le jour mauvais et tenir ferme après avoir tout surmonté. Tenez donc ferme: ayez autour de votre taille la vérité en guise de ceinture; enfilez la cuirasse de la justice; mettez comme chaussures à vos pieds le zèle pour annoncer l'Evangile de paix; prenez en toute circonstance le bouclier de la foi, avec lequel vous pourrez éteindre toutes les flèches enflammées du mal; faites aussi bon accueil au casque du salut et à l'épée de l'Esprit, c'est-à-dire la parole de Dieu. Faites en tout temps par l'Esprit toutes sortes de prières et de supplications. Veillez à cela avec une entière persévérance et en priant pour tous les saints.
>
> – Éphésiens 6.13-18

Quelle est cette armure? Ne vous focalisez pas trop sur l'image de la ceinture et de la cuirasse d'Éphésiens 6, mais plutôt sur l'idée que cette image communique. Paul mentionne sept éléments constitutifs de cette armure de protection contre les desseins du diable:

1. vérité,
2. justice,
3. zèle pour annoncer l'Évangile de paix,
4. foi,
5. salut,
6. parole de Dieu,
7. prière.

Vaincre le mal dans ma vie quotidienne

Nous devons faire face à la réalité du mal de diverses manières au travers des choix et des circonstances du quotidien. Comment jouir de la victoire de Dieu lorsque je suis confronté à ces différents types de maux dans ma vie?

« Pourquoi faut-il autant de temps pour m'améliorer ? »

Le péché

ça prend du tps, D 1 jr à la fois. psaumes 18 v30 42

Nous sommes confrontés au mal à cause de notre choix personnel de pécher.

> «En vérité, en vérité, je vous le dis, leur répliqua Jésus, toute personne qui commet le péché est esclave du péché.»
>
> – Jean 8.34

Vous voulez la victoire? Décidez de vous ____________________.

> Si nous reconnaissons nos péchés, il est fidèle et juste pour nous les pardonner et pour nous purifier de tout mal.
>
> – 1 Jean 1.9

> Changez donc d'attitude et convertissez-vous pour que vos péchés soient effacés.
>
> – Actes 3.19

Les épreuves

Nous sommes confrontés au mal parce que nous vivons dans un monde déchu. Et nous sommes également confrontés à des circonstances douloureuses qui font partie intégrante de la vie dans ce monde déchu. Certaines fois, nous attirons ces épreuves sur nous, mais parfois elles arrivent sans que nous les ayons provoquées.

> Dieu murmure dans nos plaisirs,
>
> il parle dans notre conscience,
>
> mais sa voix devient clameur dans nos peines.
>
> Elles sont le porte-voix dont il se sert pour éveiller un monde sourd.[1]
>
> – C.S. Lewis

Vous voulez la victoire? Décidez de vous ____________________ (Matthieu 5.12; Romains 5.3–4).

> De la part de Jacques, serviteur de Dieu et du Seigneur Jésus-Christ, aux douze tribus dispersées: salut! Mes frères et soeurs, considérez comme un sujet de joie complète les diverses épreuves auxquelles vous pouvez être exposés, sachant que la mise à l'épreuve de votre foi produit la persévérance. Mais il faut que la persévérance accomplisse parfaitement sa tâche afin que vous soyez parfaitement qualifiés, sans défaut, et qu'il ne vous manque rien.
>
> – Jacques 1.1-4

Perspective personnelle

Deux raisons pour lesquelles Dieu permet que nous rencontrions des difficultés:

1. pour développer notre maturité (Jacques 1.1-4; Romains 5.3–4)

   Dieu peut changer en bien ultime un mal temporaire (Genèse 50.20; Romains 8.28).

2. pour permettre le ____________________ (2 Corinthiens 1.3-7)

La tentation

Nous sommes confrontés au mal parce que Satan nous tente de faire le mal.

Vous voulez la victoire? Décidez de la ____________________ (Luc 22.46; Luc 4.1-13).

Voici quatre vérités à se rappeler concernant la tentation.

1. La tentation fera toujours partie de notre vie (Luc 4.2; 1 Thessaloniciens 3.5).
2. Être tenté n'est pas un péché; c'est lorsque nous cédons à la tentation que nous péchons.

   Jésus a été tenté, mais il n'a jamais péché (Matthieu 4.1; Hébreux 4.15).
3. Nous sommes tous confrontés aux mêmes tentations.

   > La femme vit que l'arbre était porteur de fruits bons à manger, agréable à regarder et précieux pour ouvrir l'intelligence. Elle prit de son fruit et en mangea. Elle en donna aussi à son mari qui était avec elle et il en mangea.
   >
   > \- Genèse 3.6

   > En effet, tout ce qui est dans le monde - la convoitise qui est dans l'homme, la convoitise des yeux et l'orgueil dû aux richesses - vient non du Père, mais du monde.
   >
   > \- 1 Jean 2.16
4. Il y a ____________________ une issue de secours.

   > Aucune tentation ne vous est survenue qui n'ait été humaine. Dieu est fidèle, et il ne permettra pas que vous soyez tentés au-delà de vos forces; mais avec la tentation il préparera aussi le moyen d'en sortir, afin que vous puissiez la supporter.
   >
   > \- 1 Corinthiens 10.13

Zoom

Une question fréquemment posée

Comment gérer un «péché coutumier» (le cycle du péché: confesser, pécher, confesser)?

Transformez ce cycle en «pécher - confesser - se *refocaliser*».

Parfois, nous devenons notre pire ennemi. Plus nous nous focalisons sur ce que nous ne voulons *pas* faire, plus nous sommes tentés de le faire et sommes attirés par cela. Si vous entamez une lutte à la corde avec Satan, vous perdrez! La solution: lâchez votre extrémité de la corde et partez. Refusez de jouer le jeu de Satan.

Voici quatre manières de refocaliser votre pensée.

1. L'adoration
2. Départ radical (Matthieu 5.29-30)
3. Dire la vérité; se montrer redevable envers quelqu'un
4. La fidélité sur la durée

Principe n° 1 pour vaincre le mal

Prenez l'offensive!

- Lorsque vous êtes en proie à une accusation intérieure, pensez à la __________________.

  Il a ainsi dépouillé les dominations et les autorités et les a données publiquement en spectacle en triomphant d'elles par la croix.

  - Colossiens 2.15

- Lorsque vous subissez une accusation extérieure, pensez au fait que vous êtes ________________________.

  Le Seigneur me délivrera de toute oeuvre mauvaise et me sauvera pour me faire entrer dans son royaume céleste. A lui soit la gloire aux siècles des siècles! Amen!

  - 2 Timothée 4.18

  Il s'est donné lui-même pour nos péchés afin de nous arracher à l'actuel monde mauvais.

  - Galates 1.4

- Lorsque vous êtes confronté au mal, faites le ____________________.

  Ne te laisse pas vaincre par le mal, mais sois vainqueur du mal par le bien.

  - Romains 12.21

Ce verset très significatif nous dit à quel point l'objet de notre concentration est important. Vous ne vaincrez jamais le mal en vous focalisant sur lui (Satan, les démons et les forces du mal de ce monde). Le mal peut être vaincu en se focalisant sur ce qui est bon et en vivant de manière juste.

> Au contraire, dans tout cela nous sommes plus que vainqueurs grâce à celui qui nous a aimés.
>
> - Romains 8.37

Agir selon la vérité

Comment pouvez-vous surmonter le mal par le bien cette semaine?

Concernant une pensée en particulier: comment pouvez-vous changer votre manière de vous focaliser sur le mal, pour vous concentrer sur ce qui est juste, concernant votre manière de penser?

Concernant une habitude en particulier: comment pouvez-vous modifier une mauvaise habitude en vous engageant à en adopter une bonne?

Concernant une relation en particulier: comment pouvez-vous considérer la mauvaise action de quelqu'un à votre égard comme quelque chose que Dieu peut utiliser pour votre bien?

Concernant un problème en particulier: comment pouvez-vous vous réjouir de ce que Dieu est en train de faire dans votre vie au travers du problème auquel vous faites actuellement face?

Terminez d'apprendre la carte de mémorisation n°8 «La vérité au sujet du bien et du mal».

Questions à discuter

1. De quelle manière Dieu vous rappelle-t-il de placer votre confiance en lui et non pas en vous-même? Avez-vous des exemples de la façon dont votre confiance en Christ a été renforcée?
2. Au travers de quelle «porte d'accès» le mal semble-t-il le plus souvent exercer son influence sur vous: le monde, la nature humaine ou le diable? À votre avis, pourquoi?
3. Laquelle des sept pièces de l'amure mentionnées dans Éphésiens 6 avez-vous trouvé la plus efficace pour vous protéger du mal ? Comment revêtez-vous cette armure dans votre vie de tous les jours?
4. Quelle est la méthode la plus efficace que vous ayez trouvée pour gérer une tentation personnelle? Avez-vous plus de mal à surmonter l'orgueil, le plaisir ou les possessions (la tentation d'être, de faire ou d'avoir)?
5. Discutez ensemble de la façon dont vous répondriez aux quatre questions concernant nos pensées, nos habitudes, nos relations et nos difficultés, de la section *Agir selon la vérité* à la fin de cette étude. Demandez à votre groupe de prier pour vous dans un de ces domaines au cours de la semaine qui vient.

Pour aller plus loin

John MacArthur, *Comment affronter l'ennemi,* Publications chrétiennes, 1994.
C.S. Lewis, *Le problème de la souffrance,* Éditions Raphaël, 2001.
Philip Yancey, *Où est Dieu dans l'épreuve?* Ligue pour la lecture de la Bible, 2007.

Réponses

vigilant	vivez
derrière les lignes ennemies	armure
lion rugissant	repentir
humble	réjouir
soumettre	ministère
confiant	rejeter
monde	toujours
aimer	croix
chair	secouru
servez-vous	bien

La vie après la mort

1ère partie

Objectifs qui transforment la vie

- Vous apporter une profonde compréhension et de la reconnaissance concernant le fait que vous avez été sauvés par Dieu de la certitude d'une éternité sans lui.
- Changer votre façon de vous considérer et de percevoir les autres: d'une perspective centrée sur ici et maintenant à l'éternité.

Nous nous posons tous des questions à propos de la fin de notre vie: combien de temps il nous reste, dans quelles circonstances nous allons mourir et comment cela se passera-t-il exactement. La Bible nous apporte des réponses claires concernant la fin de notre vie, que nous devons comprendre. Ces vérités affectent la façon dont nous vivons aujourd'hui et la façon dont nous envisageons l'avenir.

Au cours de cette session, nous examinerons ce que la Bible dit de l'enfer. Nous parlerons du ciel dans la session suivante (les mauvaises nouvelles d'abord, puis à la fin, les bonnes!)

> Le cœur des sages est dans la maison de deuil, et celui des hommes stupides dans la maison de joie.
>
> – Ecclésiaste 7.4

Les questions les plus fréquentes sur l'enfer sont les suivantes:

> L'enfer est-il un lieu réel?
>
> Pourquoi l'enfer a-t-il été créé?
>
> Qui y aura-t-il en enfer?
>
> Qu'arrive-t-il aux gens en enfer?
>
> Où vont les gens pour *l'instant*, lorsqu'ils meurent?
>
> Comment puis-je être sûr de ne pas aller en enfer?

L'enfer est-il un lieu réel?

Jésus a enseigné que l'enfer est un réel lieu de jugement. (En fait, il y a plus de versets dans lesquels il mentionne l'enfer que le ciel).

> Et ils iront à la peine éternelle, tandis que les justes iront à la vie éternelle.
>
> – Matthieu 25.46

> En vérité, en vérité, je vous le dis, celui qui écoute ma parole et qui croit à celui qui m'a envoyé a la vie éternelle; il ne vient pas en jugement, mais il est passé de la mort à la vie. . . Ne vous en étonnez pas, car l'heure vient où tous ceux qui sont dans les tombeaux entendront sa voix et en sortiront: ceux qui auront fait le bien ressusciteront pour la vie, mais ceux qui auront fait le mal ressusciteront pour le jugement.
>
> - Jean 5.24, 28-29

La Bible parle d'un temps de jugement que tous les êtres humains vont devoir subir. Il y est fait référence dans plusieurs versets comme étant une période de «séparation» ou de «tri» entre les justes et les iniques.

Versets	Métaphore
Matthieu 13.47-51	Un filet attrapant des poissons
Matthieu 25.31–46	Un berger séparant les brebis des boucs
Matthieu 13.24-30	Un moissonneur récoltant l'ivraie et le blé

Qui est celui qui juge et qui sépare? ____________________, le seul juste.

> Parce qu'il a fixé un jour où il jugera le monde avec justice par l'homme qu'il a désigné. Il en a donné à tous une preuve certaine en le ressuscitant.
>
> - Actes 17.31

Pourquoi l'enfer a-t-il été créé?

- À l'origine, l'enfer n'a pas été créé pour les êtres humains, mais pour ________________________.

  > Ensuite il dira à ceux qui seront à sa gauche: «Eloignez-vous de moi, maudits, allez dans le feu éternel qui a été préparé pour le diable et pour ses anges»!
  >
  > - Matthieu 25.41

  Ce sont les anges qui ont suivi Satan lorsqu'il a voulu mener une rébellion contre Dieu dans le ciel. Ils sont aussi appelés démons.

- Contrairement à l'opinion populaire, Satan n'est pas encore confiné en enfer. Il réside actuellement ________________________.

  Quatre fois dans les évangiles, Jésus appelle Satan le «prince de ce monde».

  > C'est maintenant qu'a lieu le jugement de ce monde; c'est maintenant que le prince de ce monde va être jeté dehors.
  >
  > - Jean 12.31

- Un jour (selon le livre de l'Apocalypse), Dieu va chasser Satan, la mort et le séjour des morts dans l'________________________________ (un autre nom pour l'enfer).

  > Le diable, qui les égarait, fut jeté dans l'étang de feu et de soufre où sont la bête et le prétendu prophète. Et ils seront tourmentés jour et nuit, aux siècles des siècles.
  >
  > - Apocalypse 20.10

Puis la mort et le séjour des morts furent jetés dans l'étang de feu. L'étang de feu, c'est la seconde mort.

- Apocalypse 20.14

Qui y aura-t-il en enfer?

L'enfer a été créé pour Satan et les démons, mais, mais malheureusement, ils ne seront pas les seuls à y passer l'éternité.

La réalité au sujet de la vie et de l'éternité qui nous concerne tous ultimement est que:

- Nous sommes condamnés à une éternité sans Dieu en enfer.

  Tous ont péché et sont privés de la gloire de Dieu.

  - Romains 3.23

- Jésus est venu pour nous sauver de la certitude d'une séparation d'avec Dieu.

  Jésus, celui qui nous délivre de la colère à venir.

  - 1 Thessaloniciens 1.10

Seul Jésus peut nous sauver, car lui seul peut nous accorder le pardon de nos péchés, qui sont la cause d'un séjour éternel en enfer.

- Ceux qui croient en Jésus *sont* secourus!

  Par conséquent, il peut aussi sauver parfaitement ceux qui s'approchent de Dieu à travers lui, puisqu'il est toujours vivant pour intercéder en leur faveur.

  - Hébreux 7.25

- Ceux qui ne placent pas leur confiance en Jésus *ne* sont *pas* secourus de l'enfer et de la séparation d'avec Dieu.

  Or, voici ce témoignage: Dieu nous a donné la vie éternelle, et cette vie est dans son Fils. Celui qui a le Fils a la vie, celui qui n'a pas le Fils de Dieu n'a pas la vie.

  - 1 Jean 5.11-12

Perspective personnelle

Qu'en est-il des gens que j'aime?

Après avoir nous-mêmes été secourus de l'enfer en croyant à la grâce et à l'amour de Jésus, nos pensées se tournent vers ceux que nous aimons. La pensée de les savoir passer l'éternité séparés de Dieu est trop douloureuse à supporter.

S'ils sont encore en vie, ____!

Annoncez à ceux que vous aimez que Dieu peut aussi les secourir. La plupart de ceux qui rejettent initialement l'invitation de Dieu à la vie et au pardon en Jésus, finissent par l'accepter. (L'apôtre Paul était l'un d'entre eux).

S'ils sont déjà morts, ____.

Souvenez-vous que Dieu est l'ultime juge de l'éternité; ce n'est pas vous. Au lieu de vous laisser obnubiler par ce que vous ne pouvez pas changer, laissez tout entre les mains de Dieu. Que votre préoccupation vous motive à parler de l'espérance que donne Jésus à ceux qui sont en vie. Et assurez-vous que ceux que vous aimez n'aient aucun doute au sujet de votre foi en Christ et de votre assurance d'aller au ciel lorsque vous mourrez.

Qu'arrive-t-il aux gens en enfer?

La Bible nous enseigne clairement que l'enfer est un lieu de tourments, de torture et d'angoisse sans fin.

> Et ils iront à la peine éternelle, tandis que les justes iront à la vie éternelle.
>
> - Matthieu 25.46

Considérons à quoi ressemble l'enfer: non pas pour nous réjouir du fait que les gens qui commettent le mal vont souffrir, mais pour avoir de la compassion et de l'amour pour ceux qui ont besoin du Seigneur et pour louer Dieu de nous avoir secourus.

Tourments émotionnels/relationnels

> Mais ceux à qui le royaume était destiné seront jetés dans les ténèbres extérieures, où il y aura des pleurs et des grincements de dents.
>
> - Matthieu 8.12

> Ne redoutez pas ceux qui tuent le corps mais qui ne peuvent pas tuer l'âme. Redoutez plutôt celui qui peut faire périr l'âme et le corps en enfer.
>
> - Matthieu 10.28

Tourments physiques

> Si ta main te pousse à mal agir, coupe-la. Mieux vaut pour toi entrer manchot dans la vie que d'avoir les deux mains et d'aller en enfer, dans le feu qui ne s'éteint pas, là où le ver ne meurt pas et où le feu ne s'éteint pas. Si ton pied

te pousse à mal agir, coupe-le. Mieux vaut pour toi entrer boiteux dans la vie que d'avoir les deux pieds et d'être jeté en enfer, [dans le feu qui ne s'éteint pas, là où le ver ne meurt pas et où le feu ne s'éteint pas. Et si ton oeil te pousse à mal agir, arrache-le. Mieux vaut pour toi entrer dans le royaume de Dieu avec un seul oeil que d'avoir deux yeux et d'être jeté dans l'enfer de feu, là où le ver ne meurt pas et où le feu ne s'éteint pas.

- Marc 9.43-48

Tourments spirituels

Ensuite il dira à ceux qui seront à sa gauche: «Eloignez-vous de moi, maudits, allez dans le feu éternel qui a été préparé pour le diable et pour ses anges.»

- Matthieu 25.41

Ils auront pour peine une ruine éternelle, loin de la présence du Seigneur et de la gloire de sa force.

- 2 Thessaloniciens 1.9

Où vont les gens pour l'instant, lorsqu'ils meurent?

Selon l'enseignement du Nouveau Testament, les chrétiens rejoignent immédiatement la présence de Dieu et attendent la résurrection de leur corps et la joie éternelle au ciel. Les incrédules s'en vont au séjour des morts et attendent la résurrection de leur corps et la punition finale en enfer.

Cette simple affirmation soulève un tas de questions! Cela inclut l'enseignement progressif dans le Nouveau Testament et dans l'Ancien Testament de la vie après la mort, l'état intermédiaire entre aujourd'hui et le jugement final de Jésus, et la résurrection future du corps. Comme de nombreux faux enseignements et des peurs non fondées ont issus d'une mauvaise compréhension de ces vérités, nous allons les examiner en profondeur.

La révélation progressive de la vie après la mort dans la Bible

1. Dans l'essentiel de l'Ancien Testament, la vie après la mort était perçue comme ténébreuse et inconnue.

Shéol

Le terme hébreu *shéol* est utilisé soixante-six fois dans l'Ancien Testament. L'Ancien Testament fait répétitivement référence au corps qui va dans la tombe et l'âme de l'homme qui va dans le Shéol. Les pensées originales concernant le Shéol indiquent que dans l'esprit des gens, il n'y avait pas de distinction entre les personnes moralement bonnes et mauvaises; tout le monde finissait dans le Shéol (Genèse 25.8; 37.35). Le temps passant, les gens ont commencé à croire que le Shéol comportait des sections différentes; un contraste apparaissait entre la «partie inférieure» et la «partie supérieure». Même si ce n'est pas clairement établi, il semble que les méchants se trouvaient dans la partie inférieure, alors que les justes étaient dans la partie supérieure (Deutéronome 32.22).

Zoom

Bien que les saints de l'Ancien Testament n'aient pas une compréhension claire et précise de ce qui se passait après la mort, ce manque de compréhension ne les a pas empêchés de jouir des récompenses éternelles. Ils ne savaient peut-être pas qu'ils se rendraient dans la présence de Dieu, mais ils y sont bel et bien allés.

2. Au cours de la période inter-testamentaire (les 400 ans entre la fin des événements de l'Ancien Testament et les premiers événements du Nouveau Testament) le concept juif du Shéol s'est développé au point qu'il était considéré comme comportant deux parties distinctes.

   Une des parties était un lieu de tourment pour les méchants appelée ____________________.

   L'autre partie était un lieu de consciente félicité, souvent appelée le ______________________ ou le ____________________.

   Il y avait un homme riche, qui s'habillait de pourpre et de fin lin et qui chaque jour menait joyeuse et brillante vie. Un pauvre du nom de Lazare était couché devant son portail, couvert d'ulcères. Il aurait bien voulu se rassasier des miettes qui tombaient de la table du riche, cependant même les chiens venaient lécher ses ulcères. Le pauvre mourut et fut porté par les anges auprès d'Abraham. Le riche mourut aussi et fut enterré. Dans le séjour des morts, en proie à une grande souffrance il leva les yeux et vit de loin Abraham, avec Lazare à ses côtés. Il s'écria: «Père Abraham, aie pitié de moi et envoie Lazare pour qu'il trempe le bout de son doigt dans l'eau afin de me rafraîchir la langue, car je souffre cruellement dans cette flamme.» Abraham répondit: «Mon enfant, souviens-toi que tu as reçu tes biens pendant ta vie et que Lazare a connu les maux pendant la sienne; maintenant, il est consolé ici et toi, tu souffres. De plus, il y a un grand abîme entre nous et vous, afin que ceux qui voudraient passer d'ici vers vous, ou de chez vous vers nous, ne puissent pas le faire.» Le riche dit: «Je te prie alors, père, d'envoyer Lazare chez mon père, car j'ai cinq frères. C'est pour qu'il les avertisse, afin qu'ils n'aboutissent pas, eux aussi, dans ce lieu de souffrances.» Abraham lui répondit: «Ils ont Moïse et les prophètes, qu'ils les écoutent.» Le riche dit: «Non, père Abraham, mais si quelqu'un vient de chez les morts vers eux, ils changeront d'attitude.» Abraham lui dit alors: «S'ils n'écoutent pas Moïse et les prophètes, ils ne se laisseront pas persuader, même si quelqu'un ressuscite.»

   – Luc 16.19-31

Zoom

L'histoire de Jésus dans Luc 16 nous enseigne deux vérités difficiles à entendre:

1. il n'y a ________ de ______________ dans les tourments;
2. il n'y a pas de ______________________________.

3. Après la résurrection de Christ, le Nouveau Testament nous enseigne que les chrétiens qui meurent entrent immédiatement dans la présence de Christ et que les incrédules vont immédiatement dans un lieu de punition et de séparation d'avec Dieu.

> Je suis tiraillé des deux côtés: j'ai le désir de m'en aller et d'être avec Christ.
>
> – Philippiens 1.23

L'état intermédiaire et la résurrection du corps

> Nous sommes donc toujours pleins de confiance et nous savons que, tant que nous habitons dans ce corps, nous sommes loin de notre patrie, loin du Seigneur, car nous marchons par la foi et non par la vue. Oui, nous sommes pleins de confiance et nous aimerions mieux quitter ce corps pour aller vivre auprès du Seigneur.
>
> – 2 Corinthiens 5.6-8

L'état «intermédiaire» est une expression utilisée par les théologiens pour décrire l'état de ceux qui sont morts en attendant le jour où Jésus reviendra.

Pourquoi cette distinction? Parce que bien que notre âme rejoigne immédiatement Dieu ou parte souffrir dans l'Hadès, notre corps n'a pas encore été ressuscité comme le corps de Jésus l'a été.

> Elles découvrirent que la pierre avait été roulée de devant le tombeau. Elles entrèrent, mais elles ne trouvèrent pas le corps du Seigneur Jésus.
>
> – Luc 24.2-3

La Bible nous dit clairement que:

- lorsque Jésus a été ressuscité, il avait un corps ressuscité (Jean 20.19-20);
- nous aussi aurons un jour un corps ressuscité (1 Corinthiens 15.42-44);
- nous recevrons ce corps ressuscité lorsque Jésus reviendra (1 Thessaloniciens 4.16-17).

N'ayez pas peur. Bien que votre corps doive attendre la résurrection, lorsque vous mourrez, votre esprit ira immédiatement rejoindre le Seigneur.

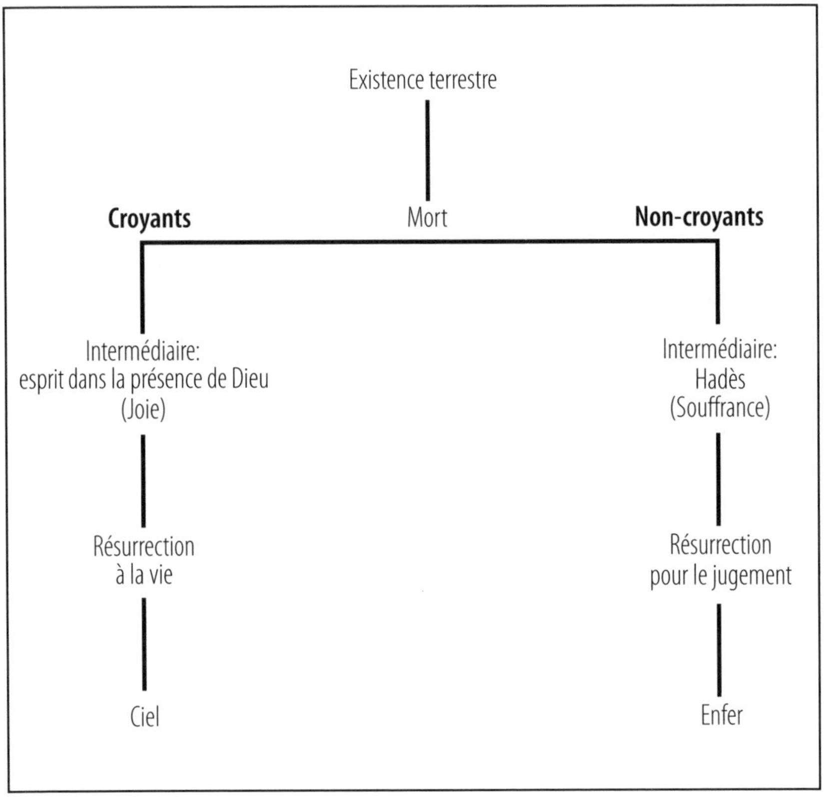

Perspective personnelle

Comment puis-je être sûr de ne pas passer l'éternité en enfer?

Quel genre de crime une personne doit-t-elle commettre pour être envoyée dans un endroit aussi terrible ? Le crime qui envoie une personne en enfer est le suivant:

________________________ Jésus-Christ, le Fils de Dieu, le Sauveur dont nous avons tous besoin.

> En effet, Dieu a tant aimé le monde qu'il a donné son Fils unique afin que quiconque croit en lui ne périsse pas mais ait la vie éternelle. Dieu, en effet, n'a pas envoyé son Fils dans le monde pour juger le monde, mais pour que le monde soit sauvé par lui. Celui qui croit en lui n'est pas jugé, mais celui qui ne croit pas est déjà jugé parce qu'il n'a pas cru au nom du Fils unique de Dieu.
>
> – Jean 3.16-18

Souvenez-vous: si vous décidez (par souhait ou par négligence) de vivre séparé de Dieu dans cette vie, vous vivrez séparé de lui dans la vie suivante! Mais si vous acceptez l'offre de Dieu d'une relation avec lui au travers de Jésus dans cette vie, vous vivrez avec Dieu dans la vie à venir!

Commencez d'apprendre la carte de mémorisation n°9, «La vérité au sujet de la vie après la mort».

Questions à discuter

1. Qu'est-ce qui, d'après vous, influence le plus les croyances et les opinions des gens concernant la vie après la mort?
   - La Bible
   - Les autres religions du monde
   - La philosophie du Nouvel Âge
   - La pensée positive
   - Les films et la télévision
   - Autre ________________________
2. Nous avons appris qu'il y a un enfer. Qu'est-ce qui vous rappelle le plus que l'enfer est un lieu réel? Pourquoi est-ce important qu'il y ait un enfer?
3. Prenez du temps en groupe pour prier pour deux choses:
   - des prières de louange pour le sacrifice volontaire de Jésus sur la croix afin nous sauver de l'enfer;

- des prières pour ceux que vous connaissez et qui n'ont pas encore cru en Christ pour leur salut.

4. Pourquoi pensez-vous que la Bible nous explique de manière si claire et imagée que l'enfer est un lieu de souffrance?
5. Que ressentez-vous, en tant que chrétien, en réalisant que vous n'aurez pas à vous tenir devant Dieu pour être jugé sur votre sort (aller au ciel ou en enfer), car cela a déjà été décidé? Parlez ensemble de l'assurance et de la joie liées au fait que vous avez déjà pris la décision la plus importante de votre vie.

Réponses

Jésus	hadès
Satan et ses anges	sein d'Abraham, paradis
sur terre	pas, repos
étang de feu	deuxième chance
ne perdez pas espoir	rejeter
remettez-les à Dieu	

La vie après la mort
2e partie

Objectifs qui transforment la vie

- Joie!
- Décider de vivre d'une manière significative à la lumière de l'éternité pendant la semaine qui vient.

> Je cours vers le but pour remporter le prix de l'appel céleste de Dieu en Jésus-Christ.
>
> – Philippiens 3.14

Dieu a créé les hommes et les femmes avec la conscience que leur vie ne se résume pas seulement à cette terre. La Bible dit:

> Il a même mis dans leur coeur la pensée de l'éternité.
>
> – Ecclésiaste 3.11

Nous savons tous instinctivement que la tombe n'est pas notre destinée finale. Dans la dernière session, nous avons étudié ce à quoi ressemblera la vie après la mort pour les incrédules.

Beaucoup de questions restent en suspens concernant les aspects spécifiques de la vie après la mort pour les chrétiens:

Où se trouve le ciel?

Qui sera présent ciel?

Comment serai-je jugé en tant que chrétien?

À quoi ressemblera le ciel?

En quoi le ciel peut-il affecter ma vie actuelle?

Où se trouve le ciel?

Le ciel se trouve vers ____________

> J'ai levé les yeux vers toi, qui sièges dans le ciel.
>
> – Psaume 123.1

Dans l'Ancien Testament, le ciel est évoqué de façon figurative sous la forme de plusieurs niveaux. Les cieux où les oiseaux volent, les arbres respirent et la pluie tombe, étaient considérés comme le ____________________.

Les cieux où la lune et les étoiles se déplacent selon leur orbite, étaient considérés comme le ____________________.

Le ____________________, ou le ciel le plus haut, était celui où l'on disait que Dieu habite de façon particulière.

Le ciel est notre __________

Le ciel est la ____________ de Dieu et la ____________________ des chrétiens.

> J'entendis une voix forte venant du ciel qui disait: «Voici le tabernacle de Dieu parmi les hommes! Il habitera avec eux, ils seront son peuple et Dieu lui-même sera avec eux, il sera leur Dieu.»
>
> – Apocalypse 21.3

Un des noms donnés au ciel est celui de ____________________.

> Mais en réalité, ils désirent une meilleure patrie, c'est-à-dire la patrie céleste. C'est pourquoi Dieu n'a pas honte d'être appelé leur Dieu, car il leur a préparé une cité.
>
> – Hébreux 11.16

Qui sera présent ciel?

Hébreux 12.22-23 nous parle d'une grande population:

> Le spectacle était si terrifiant que Moïse a dit: Je suis épouvanté et tremblant de peur! Au contraire, vous vous êtes approchés du mont Sion, de la cité du Dieu vivant, la Jérusalem céleste, et ses dizaines de milliers d'anges en fête, de l'assemblée des premiers-nés inscrits dans le ciel. Vous vous êtes approchés de Dieu qui est le juge de tous, des esprits des justes parvenus à la perfection.
>
> – Hébreux 12.21-23

Ce passage nous dit qu'au ciel, il y aura:

- des anges,
- Dieu,
- l'Église,
- les croyants de l'Ancien Testament.

Comme nous l'avons vu dans l'étude précédente, les seules personnes qui passeront l'éternité avec Dieu sont celles qui l'ont choisi dans cette vie.

> Si tu reconnais publiquement de ta bouche que Jésus est le Seigneur et si tu crois dans ton coeur que Dieu l'a ressuscité, tu seras sauvé.
>
> – Romains 10.9

Zoom

Est-ce que les bébés ou les enfants qui meurent vont au ciel? Oui ! Bien qu'ils ne soient pas en âge de pouvoir accepter le Seigneur, ils sont gardés par la grâce de Dieu. Un enfant (ou une personne mentalement handicapée) qui meurt avant d'avoir atteint l'âge où il peut comprendre son péché et son besoin de Christ, ne sera pas tenu responsable de ce qu'il ne pouvait pas comprendre. Cela violerait à la fois la justice de Dieu et sa grâce. Bien que la Bible ne réponde pas directement à cette question, nous trouvons deux indications spécifiques d'une réponse positive à ce sujet.

1. Dieu est juste et droit dans tout ce qu'il fait.

   > L'Eternel est juste dans toutes ses voies et bon dans toutes ses oeuvres.
   >
   > – Psaume 145.17

   Il ne fera d'erreur dans aucun de ses jugements.

2. David savait qu'il retrouverait son enfant qui était mort (2 Samuel 12.23).

Comment serai-je jugé en tant que chrétien?

1. Le ______________________________

   Lors de ce jugement, ceux qui n'auront pas cru en Christ entendront leur jugement final et la sentence de leur séparation d'avec Dieu. Ceux qui croient en Christ ne seront pas soumis à ce jugement.

   > En vérité, en vérité, je vous le dis, celui qui écoute ma parole et qui croit à celui qui m'a envoyé a la vie éternelle; il ne vient pas en jugement, mais il est passé de la mort à la vie.
   >
   > – Jean 5.24

2. Le______________________________

   En parlant aux chrétiens de Corinthe, Paul leur écrit:

   > En effet, il nous faudra tous comparaître devant le tribunal de Christ afin que chacun reçoive le salaire de ce qu'il aura fait, bien ou mal, alors qu'il était dans son corps.
   >
   > – 2 Corinthiens 5.10

La nature du jugement du tribunal de Christ

> Conformément à la grâce que Dieu m'a donnée, j'ai posé le fondement comme un sage architecte, et un autre construit dessus. Cependant, que chacun fasse attention à la manière dont il construit dessus, car personne ne peut poser un autre fondement que celui qui a été posé, à savoir Jésus-Christ. Que l'on construise sur ce fondement avec de l'or, de l'argent, des pierres précieuses, du bois, du foin ou de la paille, l'oeuvre de chacun sera dévoilée: le jour du jugement la fera connaître, car elle se révélera dans le feu et l'épreuve du feu indiquera ce que vaut l'oeuvre de chacun. Si l'oeuvre que quelqu'un a construite sur le fondement subsiste, il recevra une récompense. Si son oeuvre brûle, il perdra sa récompense; lui-même sera sauvé, mais comme au travers d'un feu.
>
> –1 Corinthiens 3.10-15

1. Ce que nous avons construit durant notre vie et qui est durable sera ____________________.

2. Ce que nous avons construit durant notre vie et qui n'est pas durable sera ____________________.

3. Quelles que soient nos récompenses ou nos pertes, notre salut est ____________________.

Zoom

Les Écritures nous disent que les chrétiens seront récompensés sur la base de trois choses spécifiques:

1. ____________________

> En effet, le Fils de l'homme va venir dans la gloire de son Père, avec ses anges, et alors il traitera chacun conformément à sa manière d'agir.
>
> - Matthieu 16.27

2. ____________________

> Moi, l'Eternel, j'explore le coeur, j'examine les reins pour traiter chacun conformément à sa conduite, au fruit de ses agissements.
>
> - Jérémie 17.10

3. ____________________

> Je vous le dis: le jour du jugement, les hommes rendront compte de toute parole inutile qu'ils auront prononcée.
>
> - Matthieu 12.36

À quoi ressemblera le ciel?

Six vérités pour vous réjouir

Tu me fais connaître le sentier de la vie; il y a d'abondantes joies dans ta présence, un bonheur éternel à ta droite.

– Psaume 16.11

1. La sainteté

A celui qui peut vous garder de toute chute et vous faire paraître devant sa gloire irréprochables et dans l'allégresse.

– Jude 24

Bien-aimés, nous sommes maintenant enfants de Dieu, et ce que nous serons un jour n'a pas encore été révélé. Mais nous savons que, lorsque Christ apparaîtra, nous serons semblables à lui parce que nous le verrons tel qu'il est.

– 1 Jean. 3.2

2. Un corps glorifié

Nous savons, en effet, que si notre habitation terrestre, qui n'est qu'une tente, est détruite, nous avons dans le ciel un édifice qui est l'oeuvre de Dieu, une habitation éternelle qui n'est pas faite par la main de l'homme.

– 2 Corinthiens 5.1

En effet, nous qui sommes dans cette tente, nous gémissons, accablés, parce que nous voulons non pas nous dévêtir, mais au contraire nous revêtir, afin que ce qui est mortel soit englouti par la vie.

– 2 Corinthiens 5.4

3. L'immortalité

Il essuiera toute larme de leurs yeux, la mort ne sera plus et il n'y aura plus ni deuil, ni cri, ni douleur, car ce qui existait avant a disparu.

Apocalypse 21.4

Il faut en effet que ce corps corruptible revête l'incorruptibilité et que ce corps mortel revête l'immortalité.

1 Corinthiens 15.53

4. La satisfaction de tous nos besoins

Ils n'auront plus faim, ils n'auront plus soif, le soleil ne les frappera plus, ni aucune chaleur brûlante.

– Apocalypse 7.16

5. Le partage de la gloire de Christ

Or, si nous sommes enfants, nous sommes aussi héritiers: héritiers de Dieu et cohéritiers de Christ, si toutefois nous souffrons avec lui afin de prendre aussi part à sa gloire.

– Romains 8.17

6. Une communion intime avec Dieu et les autres chrétiens

Aujourd'hui nous voyons au moyen d'un miroir, de manière peu claire, mais alors nous verrons face à face; aujourd'hui je connais partiellement, mais alors je connaîtrai complètement, tout comme j'ai été connu.

– 1 Corinthiens 13.12

En quoi le ciel peut-il affecter ma vie actuelle?

Examinons cinq domaines spécifiques qui peuvent affecter notre vie actuelle, si nous sommes remplis de la pensée du ciel.

1. Une motivation pour l'_________________________

   Jésus lui dit: «C'est moi qui suis le chemin, la vérité et la vie. On ne vient au Père qu'en passant par moi.»

   - Jean 14.6

   Or, voici ce témoignage: Dieu nous a donné la vie éternelle, et cette vie est dans son Fils. Celui qui a le Fils a la vie, celui qui n'a pas le Fils de Dieu n'a pas la vie.

   - 1 Jean 5.11-12

2. L'utilisation avisée de nos ________________

   Ne vous amassez pas des trésors sur la terre, où les mites et la rouille détruisent et où les voleurs percent les murs pour voler, mais amassez-vous des trésors dans le ciel, où les mites et la rouille ne détruisent pas et où les voleurs ne peuvent pas percer les murs ni voler! En effet, là où est ton trésor, là aussi sera ton coeur.

   - Matthieu 6.19-21

3. Servir ceux qui sont dans le ___________

   Alors le roi dira à ceux qui seront à sa droite: «Venez, vous qui êtes bénis par mon Père, prenez possession du royaume qui vous a été préparé dès la création du monde! En effet, j'ai eu faim et vous m'avez donné à manger; j'ai eu soif et vous m'avez donné à boire; j'étais étranger et vous m'avez accueilli; j'étais nu et vous m'avez habillé; j'étais malade et vous m'avez rendu visite; j'étais en prison et vous êtes venus vers moi.» Les justes lui répondront: «Seigneur, quand t'avons-nous vu affamé et t'avons-nous donné à manger, ou assoiffé et t'avons-nous donné à boire? Quand t'avons-nous vu étranger et t'avons-nous accueilli, ou nu et t'avons-nous habillé? Quand t'avons-nous vu malade ou en prison et sommes-nous allés vers toi?» Et le roi leur répondra: «Je vous le dis en vérité, toutes les fois que vous avez fait cela à l'un de ces plus petits de mes frères, c'est à moi que vous l'avez fait. »

   Matthieu 25.34-40

Écoute, chrétien

J'avais faim et tu as créé des associations humanitaires pour délibérer au sujet de ma faim. Merci.

J'étais emprisonné et tu t'es silencieusement glissé dans le sous-sol de ta chapelle pour prier pour ma libération.

J'étais nu et dans ton esprit tu as débattu de la moralité de mon apparence.

J'étais malade et tu t'es mis à genoux pour remercier Dieu pour ta santé.

J'étais sans abri et tu m'as parlé de l'abri spirituel de l'amour de Dieu.

J'étais seul et tu m'as laissé pour aller prier pour moi.

Tu sembles tellement saint, tellement proche de Dieu. Mais je suis toujours affamé, seul et j'ai encore froid.

Merci.[1]

4. L'endurance dans la ___________________

   Voilà pourquoi nous ne perdons pas courage. Et même si notre être extérieur se détruit, notre être intérieur se renouvelle de jour en jour. En effet, nos légères difficultés du moment présent produisent pour nous, au-delà de toute mesure, un poids éternel de gloire. Ainsi nous regardons non pas à ce qui est visible, mais à ce qui est invisible, car les réalités visibles sont passagères et les invisibles sont éternelles.

   – 2 Corinthiens 4.16-18

5. Calmer l'_____________

   Si donc vous êtes ressuscités avec Christ, recherchez les choses d'en haut, où Christ est assis à la droite de Dieu. Attachez-vous aux réalités d'en haut, et non à celles qui sont sur la terre.

   – Colossiens 3.1-2

Agir selon la vérité

La Parole de Dieu nous demande constamment de détourner notre regard des choses terrestres pour le fixer sur la perspective de Dieu. Prenez sept minutes en début ou en fin de journée, pendant une semaine, pour vous concentrer sur ces sept vérités:

1. Son plan pour moi ne changera jamais.
2. Mon salut est en sécurité et assuré au ciel, où rien ne peut l'atteindre.
3. Lorsqu'il viendra pour moi, je partirai avec lui dans la maison qu'il a préparée pour moi avec soin et amour.
4. Rien ne pourra jamais me séparer de son amour: ni la douleur, ni les souffrances, ni les tragédies, ni les difficultés, ni les démons, ni une terrible erreur de ma part, rien!
5. Je passerai mes jours à apprendre à l'aimer et à lui faire confiance.
6. Je serai ses bras et ses mains de compassion pour mes semblables, les êtres humains.
7. Et un jour, je rejoindrai des millions d'autres croyants devant son trône et nous l'adorerons ensemble. Nous chanterons avec les anges:

Ils disaient d'une voix forte: «L'Agneau qui a été offert en sacrifice est digne de recevoir la puissance, la richesse, la sagesse, la force, l'honneur, la gloire et la louange!»

– Apocalypse 5.12

Terminez d'apprendre la carte de mémorisation n°9, «La vérité au sujet de la vie après la mort».

Questions à discuter

1. Réfléchissez ensemble quelques instants au sujet de la grandeur du ciel en trouvant une suite aux affirmations suivantes. Amusez-vous!

   Ce qu'il y a de merveilleux concernant le ciel, c'est que je n'aurai plus besoin de...

   Ce qu'il y a de merveilleux concernant le ciel,c'est que je pourrais enfin...

   L'image qui m'aide à penser à la grandeur du ciel est...

   Au ciel, il y aura une abondance de...

   Au ciel, il n'y aura pas de...

   La personne qu'il me tarde de voir au ciel est...

   Ce qu'il me tarde de faire au ciel, c'est...

2. 1 Corinthiens 3.10-15 nous dit que les chrétiens qui ne construisent pas les bonnes choses dans leur vie auront à «souffrir une perte», mais qu'ils seront sauvés. D'après vous, quelles sont certaines des choses que nous bâtissons dans notre vie actuelle qui «seront brûlées»? Quelles sont les choses qui dureront? Quel genre de pertes pensez-vous que nous aurons à subir?

3. Examinez à nouveau la liste des six choses qui décrivent «à quoi ressemblera le ciel». Quelles sont les deux qui vous semblent les plus attirantes en ce moment? Laquelle est plus difficile à comprendre?

4. À quoi voudriez-vous que votre corps glorifié ressemble? Qu'aimeriez-vous être capable de faire?

5. De quelle manière voudriez-vous que la vérité concernant ciel ait un plus grand impact dans votre vie de tous les jours?

Pour aller plus loin

John MacArthur, *La gloire du ciel,* La Maison de la Bible, 1999.
Mark Water, *Clés pour la prophétie biblique*, La Maison de la Bible, 2001.
Dany Hameau, *Vue sur l'enfer*, Éditions Farel, 2005.
John Blanchard, *Où donc est passé l'enfer?* Europresse, 1993.
Dictionnaire de théologie biblique, Éditions Excelsis, 2007.

Réponses

le haut
premier ciel
deuxième ciel
troisième ciel
foyer
demeure
demeure finale
cité célèste
jugement du grand trône blanc
jugement du tribunal de Christ
récompensé
perdu
assuré
leurs actions
leurs pensées
leurs paroles
évangélisation
finances
besoin
souffrance
anxiété

L'Église
1ère partie

Objectifs qui transforment la vie

- Approfondir votre amour pour l'Église et votre engagement dans l'Église.
- Comprendre votre rôle de manière nouvelle ou plus profonde, en vivant les cinq objectifs de l'Église.

Alors que nous démarrons cette étude sur l'Église de Dieu, certains demanderont peut-être: «Pourquoi l'Église est-elle si importante? Pourquoi ne puis-je pas me contenter d'avoir une relation avec Jésus dans mon coin?» Nous connaissons tous des gens qui se considère chrétiens mais qui vont rarement à l'Église. L'Église est-elle réellement nécessaire?

Absolument! Avoir foi en Dieu signifie que nous ne pouvons vivre la vie chrétienne isolés, comme des Robinson Crusoé spirituels. La vérité, c'est que nous ne pouvons vivre une vie chrétienne sans appartenir à l'Église. Dans le Nouveau Testament, il n'y a aucune mention de chrétiens qui ne sont pas rattachés aux autres.

Notre besoin de l'Église

L'idéal de Dieu	Notre pratique actuelle
L'Église est une nécessité spirituelle	L'Église est une activité optionnelle
L'interdépendance a de la valeur	L'individualisme a de la valeur
La spiritualité prend sa place	La religion est une question privée dans la communauté
Engagement actif dans des sujets sociaux	A l'écart du monde réel
Tous sont pleinement acceptés ensemble	La pratique de la ségrégation (raciale, sociale, etc.)
Conduite authentique, la vie publique et la vie privée correspondent	Hypocrisie; dire une chose mais en pratiquer une autre

Pour saisir à nouveau le rôle que Dieu avait réservé à son Église, nous devons acquérir une compréhension de la façon dont l'Église a démarrée, sa nature, sa mission et en explorer les implications pour notre Église.

Les débuts de l'Église

____________________ *par Dieu*

La Bible montre clairement que Dieu a toujours désiré se créer un peuple pour lui-même; un peuple qui l'aimerait de tout son cœur et un peuple à qui il pourrait se révéler comme un Dieu fidèle.

> Tu es un peuple saint pour l'Eternel, ton Dieu. L'Eternel, ton Dieu, t'a choisi pour que tu sois un peuple qui lui appartienne parmi tous les peuples qui sont à la surface de la terre.
>
> – Deutéronome 7.6

Zoom

Lorsque Adam s'est détourné de la bénédiction et de l'harmonie avec Dieu, ce dernier a décidé de se créer un peuple pour lui-même. Il a appelé Abraham, Isaac et Jacob à être les ancêtres de ce peuple : Israël. Lorsque Israël s'est montré infidèle envers les promesses d'alliance de Dieu, ce dernier a continué à mettre son plan en œuvre au travers du « reste » du peuple, qui lui aussi a fini par se montrer infidèle. Le plan de Dieu est arrivé à maturité lorsqu'il a envoyé son Fils, Jésus, pour enfin rassembler un peuple qui lui appartiendrait totalement. Ce peuple serait un «peuple choisi, des prêtres royaux, une nation sainte, un peuple racheté». Voilà ce qu'est l'Église.

> Vous, au contraire, vous êtes un peuple choisi, des prêtres royaux, une nation sainte, un peuple racheté afin de proclamer les louanges de celui qui vous a appelés des ténèbres à sa merveilleuse lumière.
>
> – 1 Pierre 2.9

____________________ *par Jésus*

Dans Matthieu 16.18, Jésus a dit: «je construirai mon Église, et les portes du séjour des morts ne l'emporteront pas sur elle.» Ceci indique que l'Église se situait encore dans l'avenir lorsqu'il a prononcé ces paroles. Il prédisait son travail d'édification à venir de l'Église.

____________________ *par le Saint-Esprit*

Comment l'Église se construit-elle? C'est l'œuvre du Saint-Esprit, qui baptise les chrétiens et les intègre au corps de Christ.

> En effet, que nous soyons juifs ou grecs, esclaves ou libres, nous avons tous été baptisés dans un seul Esprit pour former un seul corps et nous avons tous bu à un seul Esprit.
>
> – 1 Corinthiens 12.13

La nature de l'Église (Qu'est-elle censée être?)

L'Église est une ____________________.

Le mot grec principalement utilisé pour l'Église dans le Nouveau Testament est ekklesia, qui signifie «appeler». Il était à l'origine utilisé pour décrire une assemblée de personnes (séculière ou spirituelle), mais il a pris le sens d'une assemblée ou d'une communauté appelée par Dieu. Ainsi, la clé n'était pas le rassemblement en lui-même. La clé était le fait que Dieu les avait appelés ensemble.

Ekklesia fait référence à la fois à l'Église ____________________ et à l'Église ____________________.

L'Église universelle est composée de gens de toutes tribus, de toutes races et cultures (quelle que soit leur dénomination ou affiliation) qui ont accepté Jésus-Christ comme leur Seigneur et Sauveur.

Dans l'Église universelle, l'emphase est placée sur l'____________________ de l'Église.

L'Église locale est un groupe de chrétiens qui se réunissent pour l'adoration, l'enseignement, la communion fraternelle et le ministère.

Dans l'Église locale, l'emphase est placée sur le ____________________ de l'Église.

L'Église est une ____________________.

Un autre mot grec important qui se rapporte à l'Église est koinonia. Difficile à traduire en français, il contient l'idée de communion, de regroupement, de partage et de participation. Il est utilisé pour décrire la vie que l'ekklesia, ou l'Église, doit partager en Christ.

Koinonia correspond à notre participation collective à la vie de Dieu au travers de Jésus-Christ.

Koinonia est:

- plus qu'une relation sympathique entre «copains»;
- plus qu'une participation à un repas à la bonne franquette;
- plus que «je m'entends bien avec vous parce que nous avons tant de points communs».

Koinonia désigne une unité possible uniquement au travers de l'œuvre surnaturelle de Dieu.

Koinonia se caractérise par:

- la ____________________ (1 Jean 1.6-7)
- l'____________________ (Philippiens 2.1-2)
- l'____________________ (Philémon 1.17)

> Si donc tu me considères comme ton ami, accueille-le comme si c'était moi.
>
> — Philémon 1.17

- le ______________________________ (Actes 2.44-45)
- le ____________________ (2 Corinthiens 8.4)
- la ____________________ (Philippiens 3.8-10)

Ainsi je connaîtrai Christ, la puissance de sa résurrection et la communion à ses souffrances en devenant conforme à lui dans sa mort .

– Philippiens 3.10

- la ____________________________ (1 Corinthiens 10.16)

Zoom

Les ordonnances de l'Église

Le mot *ordonnance* vient du mot *ordonné*. Il fait référence aux événements que Jésus nous a spécifiquement ordonnés dans le cadre de notre adoration au sein de l'Église. Les deux ordonnances que Jésus a données à l'Église sont le baptême et la cène du Seigneur.

Le *baptême* manifeste ________________________ ce qui s'est passé ________________________ lorsque nous avons accepté Christ. Au travers de notre baptême, notre participation à sa mort, son ensevelissement et sa résurrection sont imagées lorsque nous ressortons de l'eau, symbolisant la vie nouvelle que nous avons désormais en Christ.

Pourquoi est-il si important qu'un chrétien soit baptisé? Premièrement et avant tout, parce que Jésus l'a ordonné! Il a «ordonné» (commandé) le baptême comme une étape à franchir lorsque nous marchons à sa suite. Dans son grand ordre de mission, en Matthieu 28.19 et 20, Jésus nous dit: «Faites de toutes les nations des disciples, baptisez-les au nom du Père, du Fils et du Saint-Esprit.»

Lorsque vous vous faites baptiser, vous montrez au monde ce qui s'est passé dans votre vie lorsque vous êtes devenu croyant. Regardons Romains 6.4:

> Par le baptême en sa mort nous avons donc été ensevelis avec lui afin que, comme Christ est ressuscité par la gloire du Père, de même nous aussi nous menions une vie nouvelle.
>
> – Romains 6.4

La cène du Seigneur est aussi un rappel matériel de profondes réalités spirituelles. Nous rappelons qu'au travers de son corps brisé et de son sang versé, une ________________________ a été établie entre Dieu et l'homme.

> Après avoir remercié Dieu, il l'a rompu et a dit: «Prenez, mangez. Ceci est mon corps qui est rompu pour vous. Faites ceci en souvenir de moi.» De même, après le repas, il a pris la coupe et a dit: «Cette coupe est la nouvelle alliance en mon sang. Faites ceci en souvenir de moi toutes les fois que vous en boirez.» En effet, toutes les fois que vous mangez ce pain et que vous buvez cette coupe, vous annoncez la mort du Seigneur jusqu'à ce qu'il vienne.
>
> –1 Corinthiens 11.24-26

Parfois, les ordonnances sont appelées «sacrements», du latin *sacramentum*, qui était un serment d'allégeance du soldat romain envers son empereur. Les chrétiens se sont saisis de ce terme en lui donnant la signification d'un engagement de loyauté envers le Christ. La grâce de Christ et son pardon sont manifestés au travers des ordonnances: ce sont des sermons mis en actes. Nous avons l'opportunité d'exprimer notre allégeance et notre loyauté envers Christ, lorsque nous nous faisons baptiser et lorsque nous prenons la cène du Seigneur ensemble. Le respect de ces ordonnances ne nous donne pas accès à «plus» de grâce de la part de Dieu. Ce sont des moyens de louer Dieu pour la grâce que nous avons déjà reçue.

La mission de l'Église (Qu'est-elle censée faire?)

Les cinq objectifs de l'Église

Les objectifs de l'Église nous sont donnés au travers de deux affirmations de Jésus: le grand commandement et le grand ordre de mission.

Le grand commandement

> Jésus lui répondit: «Tu aimeras le Seigneur, ton Dieu, de tout ton coeur, de toute ton âme et de toute ta pensée. C'est le premier commandement et le plus grand. Et voici le deuxième, qui lui est semblable: Tu aimeras ton prochain comme toi-même. De ces deux commandements dépendent toute la loi et les prophètes.»
>
> - Matthieu 22.37-40

Le grand ordre de mission

> Allez donc, faites de toutes les nations des disciples, baptisez-les au nom du Père, du Fils et du Saint-Esprit et enseignez-leur à mettre en pratique tout ce que je vous ai prescrit. Et moi, je suis avec vous tous les jours, jusqu'à la fin du monde.
>
> Matthieu 28.19-20

Cinq instructions pour l'Église

1. «Aime Dieu de tout ton cœur»: ______________________
2. «Aime ton prochain comme toi-même»: ______________________
3. « Allez... faites... des disciples»: ______________________
4. «Baptisez-les»: ______________________
5. «Enseignez-leur à mettre en pratique»: ______________________

L'Église existe pour...

1. Célébrer la _____________________ de Dieu (adoration)

   «Exalter notre Maître».

   Dites avec moi la grandeur de l'Eternel, célébrons tous son nom!

   - Psaume 34.3

   Je suis dans la joie quand on me dit: «Allons à la maison de l'Eternel!»

   - Psaume 122.1

2. Communiquer la _____________________ de Dieu (évangélisation)

   «Évangéliser notre champ de mission».

   Pourvu que j'accomplisse avec joie ma course et le ministère que le Seigneur Jésus m'a confié: annoncer la bonne nouvelle de la grâce de Dieu.

   - Actes 20.24

   Vous serez mes témoins. . .

   - Actes 1.8

3. Intégrer la _____________________ de Dieu (communion fraternelle)

   «Encourager nos membres».

   Ainsi donc, vous n'êtes plus des étrangers ni des résidents temporaires; vous êtes au contraire concitoyens des saints, membres de la famille de Dieu.

4. Enseigner le _____________________ de Dieu (maturité)

   «Enseigner pour progresser vers la maturité».

   En vue de l'édification du corps de Christ; jusqu'à ce que nous parvenions tous..., à la maturité de l'adulte, à la mesure de la stature parfaite de Christ.

   - Éphésiens 4.12-13

5. Démontrer l'_____________________ de Dieu (ministère)

   «Équiper pour le ministère».

   Afin de mettre les saints en état d'accomplir le ministère pour bâtir le corps du Christ.

   - Éphésiens 4.12 (TOB)

Déclaration d'objectif de l'Église

Amener les gens à Jésus afin qu'ils deviennent membres de sa famille, les aider à se développer en maturité à l'image de Christ et les équiper pour leur ministère dans l'Église et leur mission dans le monde, afin de magnifier le nom de Dieu.

Commencez d'apprendre la carte de mémorisation n°10, «La vérité au sujet de l'Église».

Questions à discuter

1. Quels sont les signes de l'unité de l'Église dans votre vie ? Voici quelques points délicats à propos desquels il serait utile de discuter ensemble en toute franchise:
   - Comment gérez-vous un désaccord important à certains sujets (politique, par exemple) avec un frère ou une sœur en Christ?
   - Comment surmontez-vous la tentation de vous comparer: «Je souhaiterais avoir son don » ou « mes dons sont meilleurs que les siens » ou « pourquoi le remarque-t-on plus que moi?»
   - Notre unité en Christ est-elle toujours plus forte que nos préjugés? En quoi cette unité peut-elle renverser ces préjugés?
2. Regardez à nouveau les sept caractéristiques de la communion, *koinonia*. Laquelle est la plus importante pour vous?
3. Supposons que vous rentriez chez vous et qu'il y ait cinq messages de personnes différentes sur votre répondeur:
   - quelqu'un vous demandant votre avis concernant un nouveau projet missionnaire;
   - un ami vous demandant d'aider deux chrétiens en désaccord;
   - quelqu'un vous posant une question au sujet d'un verset ou d'une vérité biblique;
   - quelqu'un d'autre ayant un projet de nouveau ministère;
   - un ami ayant des questions sur l'adoration.

   Toutes choses étant égales, à quel appel répondriez-vous en premier?

Réponses

Conçue
Établie
Dynamisée
ekklésia
universelle
locale
unité
ministère
koinonia
lumière
unité
acceptation
partage des biens matériels
don d'argent
souffrance
cène du Seigneur
physiquement
spirituellement
nouvelle alliance
adoration
ministère
évangélisation
communion fraternelle
maturité
présence
Parole
famille
peuple
amour

L'Église
2e partie

Objectifs qui transforment la vie

- Acquérir une nouvelle appréciation du rôle de l'Église dans votre vie et auprès du monde.
- Abandonner l'idée fausse d'une l'Église parfaite et s'engager face à la véritable identité d'une Église puissante (remplie de personnes vulnérables!).

Révision rapide de la session précédente:

- l'Église a été conçue par Dieu
- l'Église a été établie par Jésus
- l'Église est dynamisée par l'Esprit

L'existence de l'Église a été rendue possible par la mort et la résurrection de Jésus.

Notre mandat divin est de vivre le grand commandement et le grand ordre de mission au travers des cinq objectifs de l'évangélisation, de la communion fraternelle, de la maturité, du ministère et de l'adoration.

Le Nouveau Testament contient soixante-sept noms et métaphores de l'Église, chacun présentant une nouvelle dimension et un autre aspect de la nature et de la mission de l'Église. Aujourd'hui, nous allons voir cinq des métaphores les plus significatives de l'Église.

Les métaphores de l'Église

Le corps de Christ

L'Église est le corps de Jésus, et Jésus est la tête du corps.

> Il a tout mis sous ses pieds et il l'a donné pour chef suprême à l'Eglise qui est son corps, la plénitude de celui qui remplit tout en tous.
>
> – Éphésiens 1.22-23

Deux mots sont cruciaux alors que nous étudions le corps de Christ, l'Église:

1. ______________________
2. ______________________

Notre unité est basée sur:

- le fait que Christ ait renversé le mur de ______________________;

  > En effet, il est notre paix, lui qui des deux groupes n'en a fait qu'un et qui a renversé le mur qui les séparait, la haine.
  >
  > – Éphésiens 2.14

- notre ______________________ dans le corps de Christ;

  > Par sa mort, il a rendu sans effet la loi avec ses commandements et leurs règles, afin de créer en lui-même un seul homme nouveau à partir des deux, établissant ainsi la paix.
  >
  > – Éphésiens 2.15

- notre __________________ d'__________________ devant la croix;

  > Il a voulu les réconcilier l'un et l'autre avec Dieu en les réunissant dans un seul corps au moyen de la croix, en détruisant par elle la haine.
  >
  > – Éphésiens 2.16

- notre __________________ commune, notre __________________ commune et notre destination __________________ commune.

  > Ainsi donc, vous n'êtes plus des étrangers ni des résidents temporaires; vous êtes au contraire concitoyens des saints, membres de la famille de Dieu.
  >
  > – Éphésiens 2.19

Perspective personnelle

Comment gérer un désaccord avec un autre chrétien?

La mauvaise manière: ________________

Le critiqueur divise les amis.

– Proverbes 16.28

La bonne manière: ______________________________

Si ton frère a péché contre toi, va et reprends-le seul à seul. S'il t'écoute, tu as gagné ton frère. Mais s'il ne t'écoute pas, prends avec toi une ou deux personnes, afin que toute l'affaire se règle sur la déclaration de deux ou de trois témoins. S'il refuse de les écouter, dis-le à l'Eglise; et s'il refuse aussi d'écouter l'Eglise, qu'il soit à tes yeux comme le membre d'un autre peuple et le collecteur d'impôts.

– Matthieu 18.15-17

Si donc tu présentes ton offrande vers l'autel et que là tu te souviennes que ton frère a quelque chose contre toi, laisse ton offrande devant l'autel et va d'abord te réconcilier avec ton frère, puis viens présenter ton offrande.

– Matthieu 5.23-24

Notre diversité

Ainsi, le corps n'est pas formé d'un seul organe, mais de plusieurs. Si le pied disait: «Puisque je ne suis pas une main, je n'appartiens pas au corps», ne ferait-il pas partie du corps pour autant? Et si l'oreille disait: «Puisque je ne suis pas un oeil, je n'appartiens pas au corps», ne ferait-elle pas partie du corps pour autant? Si tout le corps était un oeil, où serait l'ouïe? S'il était tout entier l'ouïe, où serait l'odorat?

–1 Corinthiens 12.14-17

En effet, de même que nous avons plusieurs membres dans un seul corps et que tous les membres n'ont pas la même fonction, de même, nous qui sommes plusieurs, nous formons un seul corps en Christ et nous sommes tous membres les uns des autres, chacun pour sa part.

– Romains 12.4-5

Le troupeau de Dieu

J'ai encore d'autres brebis, qui ne sont pas de cet enclos; celles-là aussi, il faut que je les amène; elles écouteront ma voix et il y aura un seul troupeau, un seul berger.

– Jean 10.16

1. Nous sommes les brebis.

   Cette image souligne que les membres de l'Église, étant les brebis de Christ, ____.

   Mais vous ne croyez pas parce que vous ne faites pas partie de mes brebis, comme je vous l'ai dit. Mes brebis écoutent ma voix, je les connais et elles me suivent. Je leur donne la vie éternelle. Elles ne périront jamais et personne ne pourra les arracher à ma main. Mon Père, qui me les a données, est plus grand que tous et personne ne peut les arracher à la main de mon Père.

   – Jean 10.26-29

2. Jésus est le berger.

   La métaphore de Jésus en tant que berger nous montre son amour et le soin qu'il prend de nous.

   Je suis le bon berger. Le bon berger donne sa vie pour ses brebis... Moi, je suis le bon berger. Je connais mes brebis et elles me connaissent,tout comme le Père me connaît et comme je connais le Père. Je donne ma vie pour mes brebis.

   – Jean 10.11, 14-16

La famille (la maison) de Dieu

1. Dieu nous adopte dans sa famille.

   Dans le monde physique, les individus deviennent automatiquement membres de l'entité familiale à leur naissance. Dieu, dans sa sagesse, a pourvu la même chose pour ses enfants spirituels. Lors de notre salut, nous sommes intégrés par le Saint-Esprit à la famille de Dieu, lequel devient notre Père.

   En effet, que nous soyons juifs ou grecs, esclaves ou libres, nous avons tous été baptisés dans un seul Esprit pour former un seul corps et nous avons tous bu à un seul Esprit.

   – 1 Corinthiens 12.13

   Et vous n'avez pas reçu un esprit d'esclavage pour être encore dans la crainte, mais vous avez reçu un Esprit d'adoption, par lequel nous crions: «Abba! Père!».

   – Romains 8.15

2. Nous devons nous traiter les uns les autres comme une famille.

   Ne reprends pas le vieillard avec dureté, mais encourage-le comme un père. Encourage les jeunes gens comme des frères, les femmes âgées comme des mères, celles qui sont jeunes comme des soeurs, en toute pureté.

   – 1 Timothée 5.1-2

L'édifice de Dieu

Vous êtes la construction de Dieu (1 Corinthiens 3.9).

Contrairement à la période de l'Ancien Testament où Israël ____________ un temple (Exode 25.8), l'Église _______ un temple: un temple vivant.

> Ainsi donc, vous n'êtes plus des étrangers ni des résidents temporaires; vous êtes au contraire concitoyens des saints, membres de la famille de Dieu. Vous avez été édifiés sur le fondement des apôtres et prophètes, Jésus-Christ lui-même étant la pierre angulaire. C'est en lui que tout l'édifice, bien coordonné, s'élève pour être un temple saint dans le Seigneur.
>
> - Éphésiens 2.19-22

Dans cette métaphore, Jésus est dépeint comme la ____________________.

La pierre angulaire était placée à la jonction de deux murs pour les maintenir ensemble. Cette pierre angulaire était aussi importante dans la construction des voûtes, puisqu'elle servait de fondement aux piliers de la voûte. Tout le poids de celle-ci reposait sur cette pierre, et si la pierre était enlevée, la voûte s'effondrait.

Les individus chrétiens sont dépeints comme des ____________________.

Dans la construction de l'Église en tant que temple, chaque pierre est une pierre vivante parce qu'elle partage la nature divine, et l'édifice, dans son ensemble, devient la demeure de Dieu au travers de son Esprit.

> Approchez-vous de Christ, la pierre vivante rejetée par les hommes mais choisie et précieuse devant Dieu, et vous-mêmes, en tant que pierres vivantes, laissez-vous édifier pour former une maison spirituelle, un groupe de prêtres saints, afin d'offrir des sacrifices spirituels que Dieu peut accepter par Jésus-Christ.
>
> - 1 Pierre 2.4-5

Perspective personnelle

À quel point êtes-vous disposé à accepter les chrétiens d'autres dénominations ou Églises comme étant de «vrais» chrétiens? Avez-vous essayé de porter le poids de la vie chrétienne sur vos épaules? Avez-vous besoin de voir l'importance de votre place dans l'édifice de Dieu? Avez-vous besoin de reconnaître votre besoin de dépendre des autres dans le corps de Christ?

L'épouse de Christ

Il s'agit de la métaphore qui est utilisée à propos de l'Église dans un sens prophétique.

- Dans l'Ancien Testament, Israël est souvent représentée comme étant la ________________ ou l'______________ de Dieu.

  Je te fiancerai à moi pour toujours. Je te fiancerai à moi par la justice, la droiture, la bonté et la compassion, je te fiancerai à moi par la fidélité, et tu connaîtras l'Eternel.

  – Osée 2.21-22

- Cependant, à de nombreuses reprises, Israël fut ______________________ à ses vœux d'amour envers Dieu.

  A l'époque du roi Josias, l'Eternel m'a dit: «As-tu vu ce qu'a fait l'infidèle Israël? Elle est allée sur toute montagne élevée et sous tout arbre vert, et là elle s'est prostituée. Je me disais: 'Après avoir fait tout cela, elle reviendra à moi,' mais elle n'est pas revenue, et sa soeur, Juda la traîtresse, en a été témoin.»

  – Jérémie 3.6-7

- Contrairement à Israël, l'Église est dépeinte dans les Écritures comme étant une _________________________ attendant le retour de son époux.

  En effet, je suis jaloux de vous, de la jalousie de Dieu, parce que je vous ai fiancés à un seul époux pour vous présenter à Christ comme une vierge pure.

  – 2 Corinthiens 11.2

  Dans Éphésiens 5.22-33, une analogie est faite entre la relation maritale d'un mari avec sa femme et celle de Christ et de son épouse, l'Église. Cette illustration est puissante parce qu'elle révèle la grandeur de l'amour de Christ pour son Église. Il l'a aimée au point de mourir pour elle. Elle révèle aussi la réponse d'obéissance que l'Église doit avoir envers son époux, Jésus-Christ.

  Maris, aimez votre femme comme Christ a aimé l'Eglise. Il s'est donné lui-même pour elle afin de la conduire à la sainteté après l'avoir purifiée et lavée par l'eau de la parole.

  – Éphésiens 5.25-26

- La relation entre l'épouse et l'époux reflète deux caractéristiques de la nature de l'Église:

1. L'Église doit vivre avec un sentiment d'urgence, pour être toujours __________________ pour l'époux.

   Alors le royaume des cieux ressemblera à dix jeunes filles qui ont pris leurs lampes pour aller à la rencontre du marié. Cinq d'entre elles étaient folles et cinq étaient sages. Celles qui étaient folles ne prirent pas d'huile avec elles en emportant leurs lampes, tandis que les sages prirent, avec leurs lampes, de l'huile dans des vases. Comme le marié tardait, toutes s'assoupirent et s'endormirent. Au milieu de la nuit, on cria: «Voici le marié, allez à sa rencontre!» Alors toutes ces jeunes filles se réveillèrent et préparèrent leurs lampes. Les folles dirent aux sages: «Donnez-nous de votre huile, car nos lampes s'éteignent.» Les sages répondirent: «Non, il n'y en aurait pas assez pour nous et pour vous. Allez plutôt chez ceux qui en vendent et achetez-en pour vous.» Pendant qu'elles allaient en acheter, le marié arriva. Celles qui étaient prêtes entrèrent avec lui dans la salle des noces et la porte fut fermée. Plus tard, les autres jeunes filles vinrent et dirent: «Seigneur, Seigneur, ouvre-nous!» mais il répondit: «Je vous le dis en vérité, je ne vous connais pas.» Restez donc vigilants, puisque vous ne savez ni le jour ni l'heure où le Fils de l'homme viendra.

- Matthieu 25.1-13

2. L'Église doit ______________________________ à une nouvelle relation avec l'époux.

Au retour de Jésus, il y aura un grand banquet célébrant l'amour de Jésus pour son Église. Dieu veut autant de personne que possible à la fête. Examinons ces versets.

Alors il dit à ses serviteurs: «Les noces sont prêtes, mais les invités n'en étaient pas dignes. Allez donc dans les carrefours et invitez aux noces tous ceux que vous trouverez.»

- Matthieu 22.8-9

Heureux ceux qui sont invités au festin des noces de l'Agneau!

- Apocalypse 19.9

L'Esprit et l'épouse disent: «Viens!» Que celui qui entend dise: «Viens!» Que celui qui a soif vienne! Que celui qui veut de l'eau de la vie la prenne gratuitement.

- Apocalypse 22.17

Perspective personnelle

Être l'épouse de Christ est une histoire d'amour spirituelle. Est-ce une réalité dans votre vie? Ou est-ce que cette idée vous semble trop sentimentale? Votre cœur est-il soumis à Jésus, votre Époux? Êtes-vous prêt à le rencontrer? Y a-t-il des priorités qu'il vous faudrait revoir afin que vous puissiez vous concentrer davantage sur votre amour pour lui?

Un dernier mot

L'Église est-elle une institution inutile et démodée? Pas nécessairement. Dieu a pourvu à tout ce qui était nécessaire pour que les Églises locales soient des groupes de croyants vivants et agents de transformation; des croyants vivant une vie interdépendante authentique dans le ministère et la mission, construisant des ponts pour que les perdus puissent trouver l'espérance en Dieu. Le diable ne peut nous arrêter; la culture envahissante qui nous entoure ne peut nous arrêter. Nous sommes les seuls qui pouvons faire perdre sa place d'importance à l'Église, en n'agissant pas comme le corps de Christ, le troupeau de Dieu, la famille de Dieu, l'édifice de Dieu et l'épouse de Christ.

> Je construirai mon Eglise, et les portes du séjour des morts ne l'emporteront pas sur elle!
>
> – Matthieu 16.18

Terminez d'apprendre la carte de mémorisation n°10, «La vérité au sujet de l'Église» avant la prochaine session. Il y aura certainement une interrogation portant sur ces cartes lorsque vous arriverez au ciel!

Questions à discuter

Dans notre groupe de discussion, nous allons de nouveau examiner les questions que nous avons posées sur la façon dont les images de l'Église vous remettent en question sur un plan *personnel.*

1. *L'Église est le corps de Christ:* toutes les parties du corps sont importantes. (Quelle partie voudriez-*vous* laisser tomber?) Avez-vous l'impression d'être une partie importante du corps de Christ?
2. *L'Église est le troupeau de Dieu:* quelles sont les choses que nous pouvons faire pour être certains que Jésus est le berger qui nous conduit, et que nous n'essayons pas de nous conduire nous-mêmes?
3. *L'Église est la famille de Dieu:* en quoi ceci vous aide-t-il à comprendre vos responsabilités envers les autres chrétiens?
4. *L'Église est l'édifice de Dieu:* À quel point êtes-vous disposé à accepter les chrétiens d'autres dénominations ou Églises comme étant de «vrais» chrétiens? Avez-vous essayé de porter le poids de la vie chrétienne sur vos épaules? Avez-vous besoin de voir l'importance de votre place dans le bâtiment de Dieu? Avez-vous besoin de reconnaître votre besoin de dépendre des autres dans le corps de Christ?

5. *L'Église est l'épouse de Christ:* Être l'épouse de Christ est une histoire d'amour spirituelle. Est-ce une réalité dans votre vie? Ou est-ce que cette l'idée vous semble trop sentimentale? Votre cœur est-il soumis à Jésus, votre Époux? Êtes-vous prêt à le rencontrer? Y a-t-il des priorités qu'il vous faudrait revoir afin que vous puissiez vous concentrer davantage sur votre amour pour lui?

Pour aller plus loin

Watchman Nee, *La réalité du corps de Christ,* Éditions Vida, 1997.
Alfred Kuen, *Que tous soient un,* Éditeur de littérature Biblique, 1964,2000.
Jonathan Hanley, *Une église rayonnante - le témoignage de la grâce,* Éditions Farel, 2003.
John MacArthur, *L'Église: le corps de Christ,* Éditeur de littérature Biblique, 1984.
Rick Warren, *L'Église, une passion, une vision,* Eternity Publishing House, 1999.

Réponses

unité
diversité
séparation
unité
position, égalité
citoyenneté
famille
future
médisance
confrontez le problème

lui appartiennent
avait
est
pierre angulaire
pierres vivantes
femme, épouse
infidèle
épouse vierge
prête
inviter les autres

Le retour de Christ
1ère partie

Objectif qui transforme la vie

Que vous puissiez voir le retour de Christ non comme une source de confusion ou de crainte mais comme une source d'espérance.

Que ressentez-vous au sujet du retour de Christ?

De l'apathie? Une anticipation? De l'anxiété?

Toute étude sur le retour de Christ doit comporter des «étiquettes de mise en garde.»

Avertissement: ne perdez pas votre ______________________________ personnelle à cause de votre ______________________________ historique et théologique.

Comment appliquer un passage de la Bible

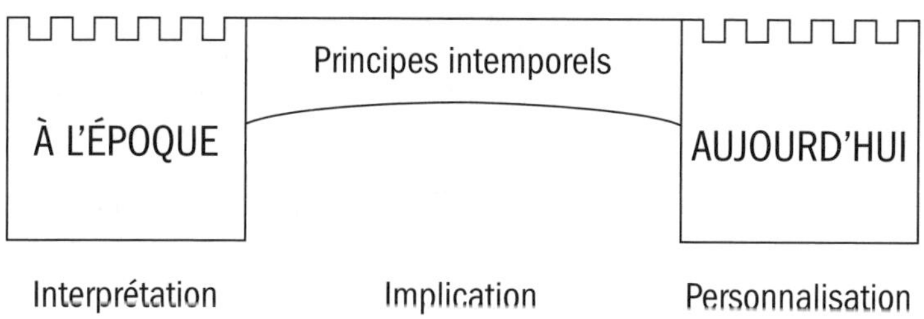

1. Que signifiait le passage biblique pour ses premiers auditeurs?

   La majorité de la prophétie concernant le retour de Christ est qualifiée de littérature apocalyptique (du mot grec apocalupsis, «dévoiler, révéler»), un type d'écrit destiné à présenter clairement la vérité à certains tout en la gardant dissimulée à d'autres.

2. Quel est le principe sous-jacent permanent?

   En un mot: l'_____________________.

   Les Écritures concernant le retour de Jésus parlent non seulement d'espérance pour les chrétiens de cette époque mais aussi d'espérance pour nous aujourd'hui. Il est évident qu'il s'agit de nombreuses prophéties qui doivent encore s'accomplir.

3. Où et comment puis-je mettre ce principe en pratique?

   Bien que nous parlions du temps et des événements du retour de Christ, la Bible souligne l'application de cette vérité dans notre vie. *C'est un péché* d'étudier le retour de Christ uniquement pour chercher à deviner le moment où il aura lieu. Ce message d'espérance doit avoir un impact sur notre façon de vivre.

   Souvenez-vous:

   - c'est un message que nous ne devons pas nous contenter d'écouter, mais auquel nous devons obéir (Jacques 1.22);
   - savoir ce qui est juste, mais ne pas le faire, est un péché (Jacques 4.17);
   - beaucoup trop de chrétiens sont fascinés par les interprétations de la fin des temps mais n'en font aucune mise en pratique dans leur vie quotidienne.

   Avertissement: ne perdez pas votre _____________________ à cause des _____________________.

Quand j'étais au Louvre à Paris, je me suis trouvé à quelques centimètres d'un grand tableau de l'impressionniste Renoir. Des gouttelettes de peintures semblaient éclabousser la toile de façon incohérente. «Qu'est-ce que cela représente donc?» me demandai-je à voix haute. Ma femme répondit: «Recule-toi, Bill et tu verras.» Bien trop près de l'œuvre d'art, je ne pouvais voir l'ensemble à cause de chaque tache d'huile, petit détail ou coup de pinceau. Ces détails m'avaient aveuglé, mais en reculant, le mystérieux puzzle s'évanouissait et la splendide vision de l'artiste se dessinait dans mon esprit.

Bien trop d'entre nous ont regardé trop longtemps l'Apocalypse de Jean de trop près. Nous avons fait de ce chef-d'œuvre une succession de taches et de coups de pinceau. À essayer de donner à tout prix une interprétation moderne à chaque étoile, dragon ou nombre, nous avons perdu le grand dessein de la vision du prophète sans saisir l'importance de son avertissement.[1]

– Billy Graham

Avertissement: faites attention à la «polarisation» lors de l'enseignement du retour de Christ.

Concernant l'enseignement du retour de Christ, il est bon de passer du temps à «l'équateur» avant de se laisser attirer par le magnétisme des «régions polaires». En d'autres termes, considérons l'ensemble de la vérité avant de partir vers un extrême ou un autre de la vérité.

Au cours de ces deux prochaines sessions, nous allons examiner ensemble:

- les signes du retour de Christ;
- le moment de son retour;
- les «personnages» impliqués au moment du retour de Christ;
- les événements au moment du retour de Christ;
- la signification de tout cela pour ma vie quotidienne.

Zoom

Est ce que le retour de Christ est une perspective importante que Dieu veut nous communiquer?

Souvenez-vous simplement. . .

Dans la Bible, un verset sur trente mentionne la fin des temps ou le retour de Christ.

Le Nouveau Testament compte 216 chapitres. Il y a plus de 300 références sur le retour de Christ dans le Nouveau Testament.

Seuls quatre livres du Nouveau Testament sur les 27 ne mentionnent pas le retour de Christ.[2]

- Chuck Swindoll

Les signes du retour de Christ

Trois types de signes:

1. les signes indiquant la fin (le commencement des douleurs de l'enfantement);
2. les signes précédant immédiatement les événements de la fin des temps;
3. les signes accompagnant les événements de la fin des temps.

Les signes indiquant la fin

Jésus a parlé d'un certain nombre de choses qui se produiraient avant son retour. Il a appelé ces événements le «commencement des douleurs de l'enfantement». Ce sont des signes, mais ce ne sont pas des signes de la fin des temps. Ce sont des signes qui, depuis 2'000 ans, montrent aux chrétiens que ce monde n'est pas le plan final de Dieu. Ce sont des signes que nous pouvons voir maintenant. Ce sont les signes de la détérioration et de l'état inadéquat de ce monde. Nous pouvons les voir depuis des milliers d'années et ils nous permettent de dire: «Ce monde n'est pas aussi stable qu'il le paraît parfois. Jésus pourrait revenir à n'importe quel moment!»

> Jésus se mit alors à leur dire: «Faites bien attention que personne ne vous égare. En effet, beaucoup viendront sous mon nom et diront: 'C'est moi.' Et ils tromperont beaucoup de gens. Quand vous entendrez parler de guerres et de menaces de guerres, ne vous laissez pas effrayer, car il faut que ces choses arrivent. Cependant, ce ne sera pas encore la fin. Une nation se dressera contre une nation et un royaume contre un royaume ; en divers endroits il y aura des tremblements de terre, il y aura des famines et des troubles. Ce sera le commencement des douleurs.»
>
> – Marc 13.5-8

- Les ____________________(avec de faux signes et de faux miracles)
- Les guerres
- Les tremblements de terre
- Les famines

Ces signes qui indiquent la fin se cumuleront tous à la fin des temps. Il y aura des guerres, qui conduiront à la grande guerre finale. Il y aura des faux christs avec de faux signes, conduisant au grand Antichrist final avec de grands signes qui tromperont beaucoup de gens (2 Thessaloniciens 2.9; Apocalypse 19.20). Il y aura des famines dans différentes régions, entraînant une grande famine mondiale à la fin des temps (Apocalypse 6.5-6).

Le sage est capable de comprendre certains signes au travers de l'histoire. Mais d'autres signes seront impossibles à ignorer pour quiconque à la fin des temps. C'est la différence entre le fait d'entendre un bruit suspect sous le capot de sa voiture et voir son moteur tomber sur la route!

L'avertissement de Jésus au sujet de ces signes: ______________________
____________________________________!

Les signes précédant la fin

- L'____________________

> Beaucoup trébucheront alors, et ils se trahiront, se détesteront les uns les autres.
>
> – Matthieu 24.10

> En effet, un temps viendra où les hommes ne supporteront pas la saine doctrine. Au contraire, ayant la démangeaison d'entendre des choses agréables, ils se donneront une foule d'enseignants conformes à leurs propres désirs.
>
> – 2 Timothée 4.3

- La ____________________ du mal individuel

> Sache que dans les derniers jours il y aura des temps difficiles, car les hommes seront égoïstes, amis de l'argent, vantards, orgueilleux, blasphémateurs, rebelles à leurs parents, ingrats, impies, insensibles, implacables, calomniateurs, violents, cruels, ennemis du bien, traîtres, emportés, aveuglés par l'orgueil, amis du plaisir plutôt que de Dieu. Ils auront l'apparence de la piété mais renieront ce qui en fait la force. Eloigne-toi de ces gens-là.
>
> – 2 Timothée 3.1-5

Le frère livrera son frère à la mort, et le père son enfant; les enfants se soulèveront contre leurs parents et les feront mourir.

- Marc 13.12

- Des ______________________ viendront

Sachez avant tout que dans les derniers jours viendront des moqueurs pleins de raillerie. Ces hommes vivront en suivant leurs propres désirs.

- 2 Pierre 3.3

- De nombreux faux prophètes

Beaucoup de prétendus prophètes surgiront et ils tromperont beaucoup de gens.

- Matthieu 24.11

Les signes accompagnant la fin

- Des signes au niveau du soleil, de la lune et des étoiles

Il y aura des signes dans le soleil, dans la lune et dans les étoiles.

- Luc 21.25

Aussitôt après ces jours de détresse, le soleil s'obscurcira, la lune ne donnera plus sa lumière, les étoiles tomberont du ciel et les puissances célestes seront ébranlées.

- Matthieu 24.29

- Le grondement de la mer, les corps célestes secoués

Il y aura des signes dans le soleil, dans la lune et dans les étoiles. Et sur la terre, les nations seront dans l'angoisse, épouvantées par le bruit de la mer et des vagues.

- Luc 21.25

Des hommes rendront l'âme de terreur dans l'attente de ce qui surviendra sur la terre, car les puissances célestes seront ébranlées. Alors on verra le Fils de l'homme venir sur une nuée avec beaucoup de puissance et de gloire.

- Luc 21.26-27

- Une grande détresse (sans précédent)

Car alors la détresse sera si grande qu'il n'y en a pas eu de pareille depuis le commencement du monde jusqu'à présent et qu'il n'y en aura jamais plus.

- Matthieu 24.21

Zoom

Les descriptions les plus détaillées concernant les événements de la fin des temps se trouvent dans le livre de l'Apocalypse.

Les sept sceaux (conflit final)	**Les sept trompettes (destruction finale)**	**Les sept coupes (la colère de Dieu est achevée)**
1. Le cheval blanc: la conquête	1. La terre	1. Les douleurs
2. Le cheval rouge: la guerre	2. La mer	2. La mer changée en sang
3. Le cheval noir: la famine	3. Les rivières	3. Les rivières changées en sang
4. Le cheval pâle: la mort	4. Les lumières (les 3 malédictions)	4. Le feu du ciel
5. Les martyrs	5. Les démons (les sauterelles) dans les ténèbres	5. Le royaume de la bête
6. Les tremblements de terre	6. Les anges et les tremblements de terre (1/3 des hommes)	6. Le fleuve Euphrate s'assèche (Harmaguédon)
7. Le 7e sceau est les 7 trompettes	7. La 7e trompette est les 7 coupes	7. Le tremblement de terre (c'est fini!)

> Ne pensez pas que le langage direct de Jean soit un obstacle à une bonne compréhension - considérez-le plutôt comme le moyen dont il se servit pour peindre dans des coloris éclatants la fresque du plan de Dieu quant à l'avenir.[5]
>
> – Billy Graham

Dans une étude précédente, nous avons regardé ce qui arrive aux gens après la mort. De même, la Bible nous explique très clairement comment ce monde s'achèvera. Et il se dirige vers une fin inévitable.

> Ce jour-là, le ciel disparaîtra avec fracas, les éléments embrasés se désagrégeront et la terre avec les oeuvres qu'elle contient sera brûlée... Attendez et hâtez la venue du jour de Dieu, jour où le ciel enflammé se désagrégera et où les éléments embrasés se fondront.
>
> – 2 Pierre 3.10,12

Mais ce n'est pas la fin de l'histoire!

> Puis je vis un nouveau ciel et une nouvelle terre, car le premier ciel et la première terre avaient disparu et la mer n'existait plus.
>
> – Apocalypse 21.1

Le moment du retour de Christ

Les éléments avec lesquels Christ a comparé son retour

- Un ______________________ (Matthieu 25.1-13)
- La destruction de Sodome

Ce sera comme à l'époque de Lot: les hommes mangeaient, buvaient, achetaient, vendaient, plantaient, construisaient, mais le jour où Lot est sorti de Sodome, une pluie de feu et de soufre est tombée du ciel et les a tous fait mourir. Il en ira de même le jour où le Fils de l'homme apparaîtra.

– Luc 17.28-30

- Le ____

Ce qui est arrivé à l'époque de Noé arrivera de même aux jours du Fils de l'homme. Les hommes mangeaient, buvaient, se mariaient et mariaient leurs enfants, jusqu'au jour où Noé est entré dans l'arche, puis le déluge est venu et les a tous fait mourir.

– Luc 17.26-27

- Un ______________________ dans la ______________________

Restez donc vigilants, puisque vous ignorez à quel moment votre Seigneur viendra. Vous le savez bien, si le maître de la maison savait à quelle heure de la nuit le voleur doit venir, il resterait éveillé et ne laisserait pas percer les murs de sa maison. C'est pourquoi, vous aussi, tenez-vous prêts, car le Fils de l'homme viendra à l'heure où vous n'y penserez pas.

– Matthieu 24.42-44

Les faits concernant le moment choisi

- Le moment du retour de Christ est ______________________

Voici, je viens bientôt. Heureux celui qui garde les paroles de la prophétie de ce livre!

– Apocalypse 22.7

- Le moment du retour de Christ n'est connu que de Dieu

Quant au jour et à l'heure, personne ne les connaît, pas même les anges du ciel, ni même le Fils: mon Père seul les connaît.

– Matthieu 24.36

Alors que les apôtres étaient réunis, ils lui demandèrent: «Seigneur, est-ce à ce moment-là que tu rétabliras le royaume pour Israël?» Il leur répondit: «Ce n'est pas à vous de connaître les temps ou les moments que le Père a fixés de sa propre autorité. »

– Actes 1.6-7

- Le moment du retour de Christ est ______________________

En effet, vous savez bien vous-mêmes que le jour du Seigneur viendra comme un voleur dans la nuit.

– 1 Thessaloniciens 5.2

C'est pourquoi, vous aussi, tenez-vous prêts, car le Fils de l'homme viendra à l'heure où vous n'y penserez pas.

– Matthieu 24.44

Les personnages de la fin des temps

1. L'homme sans loi/ la bête/ l'Antichrist

> Que personne ne vous trompe d'aucune manière. En effet, il faut que l'apostasie arrive d'abord et qu'apparaisse l'homme de péché, le fils de la perdition.
>
> – 2 Thessaloniciens 2.3

Les studios d'Hollywood sont fascinés par ce «méchant suprême». Dans leur zèle, ils oublient souvent les simples vérités que Paul nous dit en 2 Thessaloniciens:

> L'adversaire qui s'élève contre tout ce qu'on appelle Dieu ou qu'on adore; il va jusqu'à s'asseoir comme Dieu dans le temple de Dieu en se proclamant lui-même Dieu. . . . La venue de cet impie se fera par la puissance de Satan, avec toutes sortes de miracles, de signes et de prodiges mensongers et avec toutes les séductions de l'injustice pour ceux qui périssent parce qu'ils n'ont pas accueilli l'amour de la vérité pour être sauvés.
>
> – 2 Thessaloniciens 2.4,9-10

Zoom

Ce sera l'Antichrist final après d'autres: la fin d'une longue série qui a commencé suite à la première venue de Jésus. La bête est l'Antichrist final et le plus terrible, mais pas le *seul* antichrist.

> En effet, beaucoup viendront sous mon nom et diront: «C'est moi qui suis le Messie», et ils tromperont beaucoup de gens.
>
> – Matthieu 24.5

> Petits enfants, c'est la dernière heure. Vous avez appris que l'Antichrist vient. Or, déjà maintenant, il y a plusieurs antichrists; par là nous reconnaissons que c'est la dernière heure. . . . Qui est menteur? N'est-ce pas celui qui nie que Jésus est le Messie? Tel est l'Antichrist, celui qui nie le Père et le Fils.
>
> – 1 Jean 2.18,22

Un certain nombre d'images bibliques font référence à l'Antichrist. Ces images sont le sujet de milliers de spéculations prophétiques!

- La femme/ Babylone – chevauchant la bête
- 7 têtes
- 7 collines sur lesquelles la femme est assise
- 7 rois – 5 sont tombés, l'un subsiste, l'autre doit encore venir
- Dans Apocalypse 17, la bête est mentionnée comme étant «un huitième roi»
- 666: le nombre de la bête
- Les 10 cornes = 10 rois qui serviront avec la bête

Zoom

L'Apocalypse nous dit que 666 est le chiffre d'un homme. Quel qu'il soit, ce n'est qu'un homme, qui cherche à jouer Dieu. Il ne jouera pas longtemps.

La première venue de Christ présente de nombreux exemples de cette double application prophétique. Les prophéties qui s'étaient partiellement accomplies au travers des événements de l'Ancien Testament trouvent leur accomplissement complet et suprême au travers de la vie de Christ.

Le livre de l'Apocalypse fait de toute évidence référence à l'empire romain et à l'empereur Domitien dans ses images de la bête. Mais il est tout aussi évident qu'il nous est parlé d'un plus grand accomplissement encore à venir et qui ne pourra se produire qu'à la fin des temps.

Est-ce mal de spéculer à propos du sens de ces images? Non, aussi longtemps que l'on ne confond pas les spéculations sur la Parole de Dieu avec la parfaite vérité de la Parole de Dieu. Pendant la deuxième guerre mondiale, beaucoup de chrétiens étaient absolument convaincus qu'Hitler était l'Antichrist. Il s'est avéré qu'ils avaient tort. Nous devons avoir l'humilité de reconnaître que nous pouvons tout autant nous tromper à propos de nos spéculations d'aujourd'hui.

2. Une deuxième bête/ le ______________________

   Afin de promouvoir son programme plus efficacement, l'Antichrist aura un lieutenant d'importance. C'est la «deuxième bête» (Apocalypse 13.11-18), et son seul devoir est de promouvoir les objectifs et de faciliter l'adoration de la première bête, l'homme du péché.

3. Les deux ________________

   Apocalypse 11 nous parle de deux témoins qui prophétiseront et dépeindront le jugement de Dieu, d'une manière très semblable aux grands prophètes de l'Ancien Testament. Ils seront tués par la bête à Jérusalem et seront ressuscités par Dieu et élevés au ciel sous le regard de leurs ennemis.

4. Les 144'000

   12'000 saints scellés, de chaque tribu d'Israël (Apocalypse 7.4-8)

   Des chrétiens purs au cœur des tribulations des derniers jours (Apocalypse 14.1,5)

   (Ce sont des individus ou des groupes spécifiques d'individus. Dans la session suivante, nous étudierons de façon plus détaillée ce qui arrivera aux croyants, au peuple juif et aux incrédules).

   N'oubliez pas: tous ces personnages jouent seulement de petits rôles, par rapport au personnage principal de ce drame. N'oubliez jamais de donner la primauté à Jésus-Christ.

- Jésus ______________________ la bête et son lieutenant

Alors apparaîtra l'impie que le Seigneur Jésus détruira par le souffle de sa bouche et qu'il anéantira par la manifestation de son retour.

– 2 Thessaloniciens 2.8

- Jésus rachètera les deux témoins

J'entendis une voix forte qui, du ciel, leur disait: «Montez ici!» Et ils montèrent au ciel dans la nuée sous les yeux de leurs ennemis.

– Apocalypse 11.12

- Jésus conduira les 144'000 à la ______________________

Ce sont ceux qui ne se sont pas souillés avec des femmes. En effet, ils sont vierges. Ils suivent l'Agneau partout où il va. Ils ont été rachetés d'entre les hommes comme la première part réservée à Dieu et à l'Agneau.

– Apocalypse 14.4

- Jésus reviendra dans une ______________________ absolue

Car le Seigneur lui-même, avec un cri de commandement, avec une voix d'archange et avec la trompette de Dieu, descendra du ciel; et les morts en Christ ressusciteront premièrement.

– 1 Thessaloniciens 4.16 (DAR)

Voici, le Seigneur est venu avec ses saintes myriades pour exercer un jugement contre tous.

– Jude 1.14-15 (NEG)

Le voici qui vient avec les nuées. Tout oeil le verra.

– Apocalypse 1.7

Attendant notre bienheureuse espérance, la manifestation de la gloire de notre grand Dieu et Sauveur Jésus-Christ.

– Tite 2.13

**Commencez d'apprendre la carte de mémorisation n°11,
«La vérité au sujet du retour de Christ». Si vous ne les avez pas toutes faites, que cela ne vous empêche pas de mémoriser celle-ci.
Si vous avez mémorisé toutes les cartes jusqu'ici, vous allez accomplir un engagement qui transformera votre vie.**

Questions à discuter

1. En quoi le fait que Jésus puisse revenir à tout moment aurait-il changé la manière dont vous avez géré une situation hier; en quoi cela changera-t-il la façon dont vous gèrerez une situation demain?
2. Le fait de savoir que ce monde ne durera pas entraîne-t-il un changement dans votre attitude envers certaines choses matérielles précises, le gouvernement ou une certaine institution, un problème ou une difficulté à laquelle vous êtes confronté?
3. Y a-t-il quelque chose de rassurant dans le fait de savoir que les choses vont empirer avant de s'améliorer?
4. Pour nous donner de l'espérance, Dieu nous a fait part de certaines vérités concernant le retour de Christ et la fin du monde. De nombreux chrétiens, cependant, éprouvent de la peur lorsqu'ils étudient le retour de Christ. À votre avis, pourquoi ressentons-nous de la peur? Comment pouvons-nous passer de la peur à l'espérance? Pourquoi pensez-vous que les chrétiens qui subissent des persécutions ont toujours trouvé une incroyable espérance dans la vérité du retour de Christ?

Réponses

responsabilité
curiosité
espérance
réjouissance
détails
faux christs
ne vous laissez pas tromper
apostasie
montée
moqueurs
époux
déluge à l'époque de Noé
voleur
nuit
bientôt
inattendu
faux prophète
témoins
détruira
victoire
gloire

Le retour de Christ

2e partie

Objectif qui transforme la vie

Décider de vivre dans l'anticipation du retour de Christ d'une manière significative pendant cette semaine.

Au cours de la dernière session, nous nous sommes attardés sur les signes du retour de Jésus, les descriptions de sa venue et certains des personnages impliqués dans la fin des temps.

Trois sortes de signes:

1. les signes indiquant la fin (le commencement des douleurs d'enfantement);
2. les signes précédant immédiatement les événements de la fin des temps;
3. les signes accompagnant les événements de la fin des temps.

Les éléments avec lesquels Christ a comparé son retour:

- un époux;
- la destruction de Sodome;
- le déluge de l'époque de Noé;
- un voleur dans la nuit.

Les personnages de la fin des temps:

- l'homme sans loi/ la bête/ l'Antichrist;
- une deuxième bête/ le faux prophète;
- les deux témoins;
- les 144'000.

N'oubliez jamais de donner la primauté à Jésus-Christ.

Nous allons à présent nous concentrer sur les événements de la fin des temps et notre attitude au quotidien envers le retour de Jésus.

Les événements de la fin des temps

Il serait bon de couvrir ces événements dans l'ordre. Malheureusement, les chrétiens ont du mal à se mettre d'accord concernant le déroulement chronologique de ces événements! Avant d'examiner les divergences d'interprétation, attardons-nous sur ce qui fait l'unanimité.

Jésus-Christ revient sur cette terre

Tout comme il est venu une première fois, sous une forme physique, corporelle, Jésus va revenir sur terre! Bien que les chrétiens ne soient pas d'accord concernant l'ordre chronologique des événements liés à son retour, ils n'ont aucun doute au sujet son retour même. Sa seconde venue est mentionnée plus clairement encore que la première.

> Après avoir entendu ces mots, ils le virent subitement s'élever dans les airs. Bientôt un nuage l'enveloppa et le cacha à leurs yeux. Pendant qu'il s'éloignait d'eux, ils restaient là, les yeux rivés au ciel. Tout à coup, deux envoyés célestes se présentèrent devant eux sous la forme d'hommes vêtus d'habits blancs. Gens de Galilée, leur dirent-ils, pourquoi restez-vous ainsi les yeux fixés au ciel? Ce même Jésus qui vient de disparaître du milieu de vous pour être enlevé au ciel, en redescendra un jour de la même manière que vous l'avez vu y monter.
>
> - Actes 1.9-11 (PV)

> Ils verront le Fils de l'homme venir sur les nuées du ciel avec beaucoup de puissance et de gloire.
>
> - Matthieu 24.30

> Il y a beaucoup de demeures dans la maison de mon Père. Si ce n'était pas le cas, je vous l'aurais dit. Je vais vous préparer une place. Et puisque je vais vous préparer une place, je reviendrai et je vous prendrai avec moi afin que, là où je suis, vous y soyez aussi.
>
> - Jean 14.2-3

Nous allons nous attarder sur quelques opinions divergentes concernant la manière dont ce retour va se dérouler. Mais ne laissez pas cette étude vous détourner du fait que le monde a besoin d'entendre que: Jésus-Christ revient!

Il y a quatre événements de la fin des temps que tout chrétien doit comprendre: la tribulation, l'enlèvement, le retour visible de Christ et le millénium.

La tribulation

Apocalypse ch. 4-18 décrit la tribulation en détail. Les signes qui accompagnent le retour de Jésus et que nous avons étudiés dans la session précédente décrivaient plusieurs événements de la période de la tribulation. Celle-ci comprend la bataille d'Harmagéddon et la grande bataille finale (Apocalypse 16.16).

Deux caractéristiques distinguent la période de la tribulation de toutes les autres périodes critiques de l'histoire:

- premièrement, elle sera ______________________ et non localisée;
- deuxièmement, la tribulation sera unique, car _________________ réaliseront et agiront comme si la fin était imminente.

Les Écritures divisent les sept années de la tribulation en deux périodes de temps égales. Dans l'Apocalypse, la deuxième période de la tribulation est désignée par «un temps, des temps et la moitié d'un temps» (Apocalypse 12.14), ou «quarante-deux mois» (11.2; 13.5), ou «1'260 jours» (11.3; 12.6), correspondant à une durée de trois ans et demi.

Question: les chrétiens subiront-ils cette période de tribulation?

Pour répondre à cette question, nous devons d'abord parler d'un événement qui porte le nom d'«enlèvement».

L'enlèvement

Le mot «enlèvement» vient du terme latin utilisé dans 1 Thessaloniciens 4.17. Le mot grec original est traduit par «enlevé» en français.

L'enlèvement se produira lorsque Jésus rassemblera tous les chrétiens avec lui, donnant à chacun un corps glorieux ressuscité. Cet événement est à différencier du retour visible de Jésus, lors duquel tous le verront et où il jugera les nations et établira son royaume. Beaucoup considèrent l'enlèvement comme un événement caché de tous sauf des chrétiens et qui se produira des années avant le retour visible de Jésus. D'autres pensent que l'enlèvement et le retour visible de Jésus se produiront simultanément.

Bien qu'il persiste des questions sur le moment exact de l'enlèvement, (voir l'encadré à la fin de cette section), celles-ci ne doivent pas nous ôter l'assurance de la réalité de cet événement.

1 Thessaloniciens 4.13-18 nous donne plus de détails sur ce qui se produira lorsque le Seigneur enlèvera l'Église.

> En effet, le Seigneur lui-même, à un signal donné, à la voix d'un archange et au son de la trompette de Dieu, descendra du ciel et ceux qui sont morts en Christ ressusciteront d'abord. Ensuite, nous qui serons encore en vie, nous serons tous ensemble enlevés avec eux sur des nuées à la rencontre du Seigneur dans les airs, et ainsi nous serons toujours avec le Seigneur. Encouragez-vous donc les uns les autres par ces paroles.
>
> – 1 Thessaloniciens 4.16-18

- Premièrement: le Seigneur ______________________.

  « Car le Seigneur lui-même... descendra du ciel...»

  Sur les nuées (Actes 1.11). Selon les conditions de Dieu (Matthieu 24.14). De façon inattendue (Matthieu 24.37).

- Deuxièmement: les morts en Christ ______________________.

  «Ceux qui sont morts en Christ ressusciteront d'abord...»

  > C'est aussi le cas pour la résurrection des morts. Le corps est semé corruptible, il ressuscite incorruptible. Il est semé méprisable, il ressuscite glorieux. Il est semé faible, il ressuscite plein de force.
  >
  > –1 Corinthiens 15.42-43

- Troisièmement: nous, qui sommes vivants, seront ______________________ avec eux.

  1 Thessaloniciens 4 dit: «Nous, qui serons encore en vie, nous seront tous ensemble enlevés avec eux.»

- Quatrièmement: nous ______________________ le Seigneur dans les airs et nous serons avec lui pour toujours.

Zoom

Quelle est la différence entre le moment de l'enlèvement de l'Église et celui du retour de Christ pour juger les nations et établir son royaume?

Certains courants doctrinaux (les amillénaristes et les postmillénaristes) considèrent que ces deux événements se produisent immédiatement l'un après l'autre ou au même moment.

Un autre courant (prémillénariste) considère les événements dans un ordre différent. Il existe trois points de vue dominants concernant cet ordre:

1. L'enlèvement prétribulationniste: l'enlèvement a lieu juste avant le début de la période de la tribulation.
2. L'enlèvement mitribulationniste: l'enlèvement a lieu 3 ans et demi après le début de la période de la tribulation.
3. L'enlèvement posttribulationniste: l'enlèvement a lieu après les sept ans de la période de la tribulation.

Que penser de ces différentes interprétations, sur un plan personnel? Réjouissez-vous si Dieu vous enlève avant ou pendant la période de la tribulation de ces derniers jours. Mais ne soyez pas surpris et ne perdez pas la foi, si Dieu choisit de nous laisser comme témoins durant ces derniers jours.

Le retour visible de Christ

Le retour visible de Jésus est différent de l'enlèvement. Lors de son retour, toute la terre verra Jésus revenir. Il établira son règne et dirigera la terre.

> Alors le signe du Fils de l'homme apparaîtra dans le ciel; tous les peuples de la terre se lamenteront et ils verront le Fils de l'homme venir sur les nuées du ciel avec beaucoup de puissance et de gloire.
>
> - Matthieu 24.30

> Le voici qui vient avec les nuées. Tout oeil le verra, même ceux qui l'ont transpercé, et toutes les familles de la terre pleureront amèrement sur lui. Oui. Amen!
>
> - Apocalypse 1.7

Le millénium

Le millénium est le terme utilisé pour indiquer les mille ans de règne de Christ dont il est question dans Apocalypse 20.1-6.

> Puis je vis un ange descendre du ciel. Il tenait à la main la clé de l'abîme et une grande chaîne. Il s'empara du dragon, le serpent ancien, qui est le diable et Satan, l'enchaîna pour 1'000 ans et le jeta dans l'abîme. Il ferma et scella l'entrée au-dessus de lui afin qu'il n'égare plus les nations, jusqu'à ce que les 1000 ans soient passés. Après cela, il faut qu'il soit relâché pour un peu de temps.

> Ensuite je vis des trônes, et ceux qui s'y assirent reçurent le pouvoir de juger. Je vis aussi l'âme de ceux qui avaient été décapités à cause du témoignage de Jésus et à cause de la parole de Dieu, tous ceux qui n'avaient pas adoré la bête ni son image et qui n'avaient pas reçu sa marque sur le front ni sur la main. Ils revinrent à la vie et ils régnèrent avec Christ pendant 1000 ans. Les autres morts ne revinrent pas à la vie avant que les 1000 ans soient passés. C'est la première résurrection. Heureux et saints ceux qui ont part à la première résurrection! La seconde mort n'a pas de pouvoir sur eux, mais ils seront prêtres de Dieu et de Christ et ils régneront avec lui pendant 1000 ans.
>
> – Apocalypse 20.1-6

Au fil du temps, trois interprétations principales du règne de mille ans de Christ ont vu le jour:

1. le postmillénarisme (Christ revient après le millénium)

   Ce point de vue soutient que le royaume de Dieu est aujourd'hui en train de s'étendre dans le monde au travers de la prédication de l'Évangile et de l'œuvre salvatrice du Saint-Esprit dans les cœurs des individus. Le monde sera un jour christianisé, et le retour de Christ aura lieu à la fin d'une longue période de justice et de paix communément appelée le «millénium». Il ne s'agira pas littéralement de 1'000 ans, mais d'une période de temps relativement longue.

   Force: c'est une perspective optimiste de la puissance de l'Évangile pour changer le monde; espérance de l'accomplissement du grand ordre de mission.

   Faiblesse: sur un plan concret, ce point de vue est difficile à concilier avec ce qui se passe actuellement dans le monde. Sur un plan biblique, il est difficile à concilier avec l'enseignement catégorique de la période finale de la tribulation.

2. l'amillénarisme (Christ revient sans qu'il y ait un millénium terrestre)

   Jusqu'à la fin, il y aura un développement parallèle du bien et du mal, du royaume de Dieu et de celui de Satan. Après le retour de Christ à la fin du monde, il y aura une résurrection générale et un jugement général de tous les individus. Le règne de mille ans de Christ n'est pas littéral; il symbolise l'œuvre de Jésus sur terre, entre le moment de sa résurrection et sa seconde venue.

   Force: cela répond aux questions concernant les saints ressuscités vivant dans un monde non régénéré pendant mille ans jusqu'au jugement final.

   Faiblesse: cela demande de considérer un bon nombre de prophéties concernant le retour de Jésus comme étant des symboles spirituels plutôt que des événements réels.

3. le prémillénarisme (Christ revient avant le millénium)

   Le point de vue prémillénariste soutient que le retour de Christ se produira avant le millénium et que le royaume de Christ sera établi sur cette terre pendant une période littérale de 1'000 ans. Il sera gouverné par la personne même de Christ en tant que Roi. Et ce royaume permettra d'accomplir toutes les promesses encore non accomplies sur le royaume terrestre de Christ.

Force: cette interprétation s'efforce de comprendre l'ensemble des Écritures en rapport avec le retour de Christ plutôt que d'ignorer les passages difficiles à interpréter. Interprétation plus littérale des Écritures.

Faiblesse: souvent caractérisée par des tableaux explicatifs extrêmement complexes, des hypothèses fausses et des opinions divergentes sur la signification des symboles.

Perspective personnelle

Quatre encouragements liés à ces quatre événements

1. La vérité de la période de la tribulation m'encourage. Si les choses empirent pendant un temps, Dieu les améliorera un jour.
2. La vérité de l'enlèvement m'encourage. Dieu va emmener ses enfants avec lui.
3. La vérité du retour visible de Christ m'encourage. En finalité, Jésus sera le Seigneur de toutes choses.
4. La vérité concernant le millénium m'encourage. Dieu a un plan qui dure jusque dans l'éternité.

Les réalités visibles sont passagères et les invisibles sont éternelles.

– 2 Corinthiens 4.18

À la fin des temps, que leur arrivera t-il?

Aux croyants

En un mot: ______________________________!

De même, Christ s'est offert une seule fois pour porter les péchés de beaucoup d'hommes, puis il apparaîtra une seconde fois, sans rapport avec le péché, à ceux qui l'attendent pour leur salut.

– Hébreux 9.28

Ainsi, lorsque le souverain berger apparaîtra, vous recevrez la couronne de gloire qui ne perd jamais son éclat.

– 1 Pierre 5.4

Bien-aimés, nous sommes maintenant enfants de Dieu, et ce que nous serons un jour n'a pas encore été révélé. Mais nous savons que, lorsque Christ apparaîtra, nous serons semblables à lui parce que nous le verrons tel qu'il est.

– 1 Jean 3.2

Au peuple Juif

En un mot: ______________________.

On ne peut ignorer l'affirmation claire de Paul en Romains 11.

> Je demande donc: «Serait-ce pour tomber que les Israélites ont trébuché?» Certainement pas! Mais grâce à leur faux pas, les non-Juifs ont eu accès au salut afin de provoquer leur jalousie. Or, si leur faux pas a fait la richesse du monde et leur déchéance la richesse des non-Juifs, cela sera d'autant plus le cas avec leur complet rétablissement. . . . En effet, je ne veux pas, frères et soeurs, que vous ignoriez ce mystère, afin que vous ne vous preniez pas pour des sages: une partie d'Israël est tombée dans l'endurcissement jusqu'à ce que l'ensemble des non-Juifs soit entré. Et ainsi tout Israël sera sauvé, comme le dit l'Ecriture: *Le libérateur viendra de Sion et il écartera de Jacob les impiétés.*
>
> – Romains 11.11-12, 25-26

Aux non-croyants

En un mot: ____________________________.

> Je vis alors un grand trône blanc et celui qui y était assis. La terre et le ciel s'enfuirent loin de lui et l'on ne trouva plus de place pour eux. Je vis les morts, les grands et les petits, debout devant le trône. Des livres furent ouverts. Un autre livre fut aussi ouvert: le livre de vie. Les morts furent jugés conformément à leurs oeuvres, d'après ce qui était écrit dans ces livres. . . . Tous ceux qui ne furent pas trouvés inscrits dans le livre de vie furent jetés dans l'étang de feu.
>
> – Apocalypse 20.11-12, 15

Quelle doit être notre attitude?

- Veiller et être ____________________________

  Faites bien attention, restez en éveil et priez, car vous ignorez quand ce temps viendra.

  – Marc 13.33

  Qu'il ne vous trouve pas endormis quand il arrivera tout à coup.

  – Marc 13.36

- Veiller et être ____________________________

  Ne dormons donc pas comme les autres, mais veillons et soyons sobres.

  – 1 Thessaloniciens 5.6

  C'est pourquoi, tenez votre intelligence en éveil, soyez sobres et mettez toute votre espérance dans la grâce qui vous sera apportée lorsque Jésus-Christ apparaîtra.

  – 1 Pierre 1.13

  La fin de toutes choses est proche. Soyez donc sages et sobres afin de vous livrer à la prière.

  – 1 Pierre 4.7

- Vivre une vie sainte

  Puisque tout notre monde doit être dissous, combien votre conduite et votre piété doivent-elles être saintes! Attendez et hâtez la venue du jour de Dieu, jour où le ciel enflammé se désagrégera et où les éléments embrasés se fondront.

  – 2 Pierre 3.11-12

- Être ____________________ et attendre avec ____________________

  Vous aussi, soyez patients, affermissez votre coeur, car le retour du Seigneur est proche.

  – Jacques 5.8

  Car il ne vous manque aucun don de la grâce en ce temps d'attente de la révélation de notre Seigneur Jésus-Christ. Avec joie et confiance, vous regardez vers le jour où il apparaîtra et se manifestera publiquement.

  – 1 Corinthiens 1.7 (PV)

- Désirer ardemment ________________________

  Désormais, la couronne de justice m'est réservée. Le Seigneur, le juste juge, me la remettra ce jour-là, et non seulement à moi, mais aussi à tous ceux qui auront attendu avec amour sa venue.

  – 2 Timothée 4.8

  En effet, la grâce de Dieu, source de salut pour tous les hommes, a été révélée. Elle nous enseigne à renoncer à un mode de vie impie et aux convoitises de ce monde et à vivre dans le temps présent conformément à la sagesse, la justice et la piété en attendant notre bienheureuse espérance, la manifestation de la gloire de notre grand Dieu et Sauveur Jésus-Christ.

  – Tite 2.11-13

Perspective personnelle

Pour le chrétien, la connaissance de la prophétie attire son cœur à l'adoration de Dieu. Depuis le début, jusqu'à la fin du livre de l'Apocalypse, l'apôtre Jean avait l'habitude de répondre au futur prophétique de Dieu par une attitude d'adoration.

> Quand je le vis, je tombai à ses pieds comme mort. Il posa alors sa main droite sur moi en disant: «N'aie pas peur. Je suis le premier et le dernier.»
>
> – Apocalypse 1.17

> Moi, Jean, j'ai entendu et vu ces choses. Après les avoir entendues et vues, je tombai aux pieds de l'ange qui me les montrait pour l'adorer. Mais il me dit: «Garde-toi bien de le faire! Je suis ton compagnon de service, celui de tes frères les prophètes et de ceux qui gardent les paroles de ce livre. Adore Dieu.»
>
> – Apocalypse 22.8-9

Il ne pourrait y avoir de meilleure conclusion à notre étude sur la fin des temps que ces deux paroles puissantes d'invitation: «Adore Dieu!»

Terminez d'apprendre la carte de mémorisation n°11 «La vérité au sujet du retour de Christ».

Annexe

Points de vue concernant les événements de la fin des temps

Catégories	Amillénarisme	Postmillénarisme	Prémillénarisme historique	Prémillénarisme dispensationaliste
Retour de Christ	Un seul événement, pas de distinction entre l'enlèvement et le retour. Introduit l'état éternel.	Un seul événement, pas de distinction entre l'enlèvement et le retour; Christ revient après le millénium.	Enlèvement et retour simultanés; Christ revient pour régner sur la terre.	Retour en deux phases: Enlèvement de l'Église; retour sur la terre sept ans plus tard.
Résurrection	Résurrection générale des croyants et des non-croyants au retour de Christ.	Résurrection générale des croyants et des non-croyants au retour de Christ.	Résurrection des croyants au commencement du millénium. Résurrection des non-croyants à la fin du millénium.	Distinctions dans les résurrections: 1. à l'enlèvement de l'Église; 2. les saints de l'Ancien Testament et de la tribulation au retour; 3. celle des non-croyants à la fin du millénium.
Jugements	Jugement général de tout le monde.	Jugement général de tout le monde.	Jugement au retour, jugement à la fin de la période.	Distinctions dans les jugements: 1. les œuvres des croyants à l'enlèvement; 2. les Juifs et les non-Juifs à la fin de la période de la tribulation; 3. les non-croyants à la fin du millénium.
Période de la tribulation	La période de la tribulation est expérimentée dans l'époque actuelle.	La période de la tribulation est expérimentée dans l'époque actuelle.	Vue posttribulationniste: l'Église traverse la période de la tribulation à venir.	Vue prétribulationniste: l'Église est enlevée avant la période de la tribulation.
Millénium	Pas de millénium littéral sur la terre après le retour. Le royaume est présent pendant la période de l'Église.	L'époque actuelle se fond dans le millénium à cause des progrès de l'Évangile.	Le millénium est à la fois présent et futur. Christ règne au ciel, le millénium ne représente pas nécessairement 1'000 ans.	Le retour de Christ inaugure un millénium littéral de 1'000 ans sur la terre.
Israël et l'Église	L'Église est le nouvel Israël. Pas de distinction entre Israël et l'Église.	Quelques distinctions entre Israël et l'Église. Un futur pour Israël, mais l'Église est l'Israël spirituel.	Quelques distinctions entre Israël et l'Église. Un futur pour Israël, mais l'Église est l'Israël spirituel.	Une distinction totale entre Israël et l'Église. Un programme distinct pour chacun.
Adhérents	L. Beckhof; O. T. Allis; G. C. Berkhouwer	Charles Hodge; B. B. Warfield W. G. T. Shedd; A. H. Strong	G. E. Ladd; A. Reese; M. J. Erickson	L. S. Chafer; J. D. Pentecost; C. C. Ryrie; J. F. Walvoord; C. Swindoll

Source: tiré de Paul Enns, *The Moody Handbook Of Theology* (Chicago : Moody Press, 1989). Utilisé avec autorisation.

Questions à discuter

1. Que vous révèle le fait que Jésus vous prépare une place, à propos de son amour pour vous? Aimeriez vous approfondir votre compréhension de la profondeur de l'amour de Jésus pour vous?
2. Pouvez-vous imaginer comment se passera l'enlèvement de l'Église de Dieu? (Une sorte de saut en parachute à l'envers!) Qui connaissez-vous dont le corps ressuscité sortira de sa tombe pour rencontrer son esprit accompagnant Jésus dans les airs? À qui aimeriez-vous pouvoir serrer la main, en partant à la rencontre de Jésus? Qu'aimeriez-vous avoir comme première pensée lorsque vous réaliserez ce qui se passe?
3. Que vous inspire le fait qu'il existe autant d'opinions différentes sur des sujets comme le millénium?
4. Discutez ensemble de la façon dont les attitudes que Dieu veut nous inculquer face au retour visible de Christ, ont un impact sur notre vie quotidienne.

Veiller et être vigilant. Qu'est-ce qui vous aide à penser au fait que Jésus va réellement revenir?

Veiller et être sobre. En quoi la vérité du retour visible de Christ vous aide à dire «non» à la tentation et «oui» aux disciplines spirituelles comme la prière et le service des autres?

Vivre une vie sainte. Est-ce que vous vivez une vie sainte par crainte que Jésus vous attrape en train de faire quelque chose de mal lorsqu'il reviendra ou par désir d'utiliser le peu de temps que vous avez à vivre pour plaire au Seigneur? Qu'est-ce qui vous aide à moins vivre dans la crainte et davantage avec le désir de lui plaire?

Être patient et attendre avec empressement. Nous avons tous un problème de patience. Quelles leçons avez-vous apprises (ou vues chez les autres) qui vous rappellent de ne pas essayer de presser Dieu?

Désirer ardemment son retour! Qu'est-ce que qui vous réjouit le plus concernant le retour de Christ?

Pour aller plus loin

Dictionnnaire de théologie biblique, Éditions Excelsis, 2007.
William MacDonald, *ABC de théologie,* La Maison de la Bible, 2005.
Billy Graham, *Avis de tempête,* Éditions Vida, 1993.
René Pache, *Le retour de Jésus-Christ,* Éditions Emmaus, 1958.
René Pache, *L'Au-delà,* Éditions Emmaus, 1966.
Dany Hameau, *Le retour de Jésus,* Éditions Farel, 2007.
Tim LaHaye, *L'enlèvement - Qui devra affronter la grande tribulation?* Éditions Vida, 2004.
Tim LaHaye et Jerry B. Jenkins, *Jésus et l'espérance de son retour,* Éditions Vida, 2006.
Dany Hameau, *Vue sur le ciel,* Éditions Farel, 2005.

Réponses

mondiale
tous
descend
ressuscitent
enlevés
rencontrons
récompense
restauration
jugement
vigilant
sobre
patient
empressement
son retour

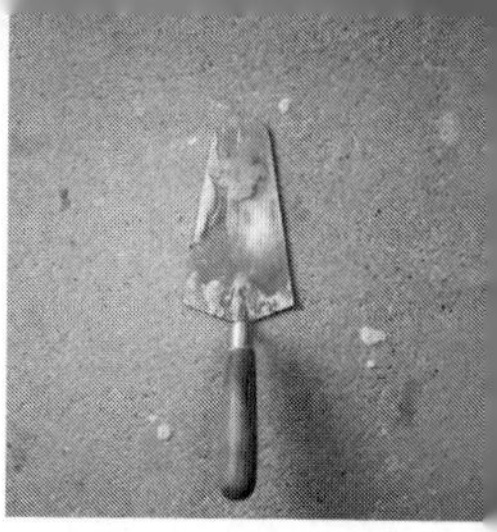

Étude de conclusion

Objectif qui transforme la vie

Passer en revue onze manières personnelles de vivre les vérités que nous avons apprises ensemble dans la Parole de Dieu.

> Quant à vous, bien-aimés, édifiez-vous vous-mêmes sur votre très sainte foi.
>
> – Jude 20

> Et voici ce que je demande dans mes prières: c'est que votre amour augmente de plus en plus en connaissance et en pleine intelligence pour que vous puissiez discerner ce qui est essentiel.
>
> – Philippiens 1.9-10

Qu'est-ce que la doctrine chrétienne?

La doctrine chrétienne est un ______________________________ de ce que la ____.

Une définition pratique de la théologie serait: la ____.

Quelle est la valeur de la doctrine que vous avez apprise?

1. Vous avez ____.

> Nous sommes cruels envers nous-mêmes si nous essayons de vivre dans ce monde sans connaître le Dieu à qui il appartient et qui le dirige. Le monde devient un endroit étrange, insensé et douloureux… pour ceux qui ne connaissent pas Dieu.[1]
>
> – J. I. Packer

> Que le sage ne se montre pas fier de sa sagesse, que le fort ne se montre pas fier de sa force, que le riche ne se montre pas fier de sa richesse, mais que celui qui veut éprouver de la fierté mette sa fierté dans ceci: le fait d'avoir du discernement et de me connaître. En effet, c'est moi, l'Eternel, qui exerce la bonté, le droit et la justice sur la terre. Oui, c'est cela qui me fait plaisir, déclare l'Eternel.
>
> – Jérémie 9.22-23

2. Vous avez ______________________________________.

   En exposant cela aux frères et soeurs, tu seras un bon serviteur de Jésus-Christ, nourri des paroles de la foi et du bon enseignement que tu as fidèlement suivi.

   - 1 Timothée 4.6

3. Vous pourrez ______________________________________.

   Il doit être... attaché à la parole digne de confiance telle qu'elle a été enseignée, afin d'être capable à la fois d'encourager les autres par la saine doctrine et de réfuter les contradicteurs.

   - Tite 1.9

4. Vous êtes protégés contre l'______________________.

   Mais la nourriture solide est pour les adultes, pour ceux qui, en raison de leur expérience, ont le jugement exercé à discerner ce qui est bien et ce qui est mal.

   - Hébreux 5.14

5. Vous avez changé votre manière de ______________________.

   Car il est tel que sont ses arrière-pensées.

   - Proverbes 23.7 (NBS)

   La façon dont nous pensons détermine notre façon d'agir.

6. Vous avez bâti un ______________________________________.

   C'est pourquoi, laissant les bases de l'enseignement relatif au Messie, tendons vers la maturité sans avoir à reposer le fondement du renoncement aux oeuvres mortes, de la foi en Dieu, de l'enseignement concernant les baptêmes et l'imposition des mains, de la résurrection des morts et du jugement éternel.

   - Hébreux 6.1-2

Qu'est-ce qui détermine le fondement de notre vie?

1. Ce à quoi notre cœur est attaché.

   Si donc vous êtes ressuscités avec Christ, recherchez les choses d'en haut, où Christ est assis à la droite de Dieu.

   - Colossiens 3.1

2. Ce sur quoi nous fixons nos pensées.

   Attachez-vous aux réalités d'en haut, et non à celles qui sont sur la terre.

   - Colossiens 3.2

   Mais qui trouve son plaisir dans la loi de l'Eternel et la médite jour et nuit.

   - Psaume 1.2

   Enfin, frères et soeurs, portez vos pensées sur tout ce qui est vrai, tout ce qui est honorable, tout ce qui est juste, tout ce qui est pur, tout ce qui est digne d'être aimé, tout ce qui mérite l'approbation, ce qui est synonyme de qualité morale et ce qui est digne de louange.

   - Philippiens 4.8

3. Ce sur quoi nous fixons nos regards.

   Faisons-le en gardant les regards sur Jésus, qui fait naître la foi et la mène à la perfection. En échange de la joie qui lui était réservée, il a souffert la croix en méprisant la honte qui s'y attachait et il s'est assis à la droite du trône de Dieu.

   - Hébreux 12.2

   Ainsi nous regardons non pas à ce qui est visible, mais à ce qui est invisible, car les réalités visibles sont passagères et les invisibles sont éternelles.

   - 2 Corinthiens 4.18

Père,

Merci de nous montrer la vérité de ta Parole, au travers de ton Fils et par ton Esprit. Notre requête sincère est que nous puissions vivre au quotidien les vérités que nous avons apprises. Nous te présentons cette requête avec confiance, sachant que tu souhaites que nous agissions d'après ta parole. Mais nous te le demandons également avec humilité. Seigneur, nous ne pouvons vivre ta vérité par nos propres forces: bien que cela ne nous ait pas empêché de tomber de tout notre long lorsque nous avons essayé! Nous avons besoin, désespérément besoin, de ta présence et de ta puissance dans notre vie. Grâce à cette puissance, nous prions que tu nous permettes de bâtir notre vie sur le fondement de ta vérité.

Au nom de Jésus, amen.

Construire un fondement durable

Trois niveaux d'étude de la vérité

Voici un bref aperçu de ce que nous étudierons ensemble. Ce tableau vous montre les différents niveaux d'étude permettant de saisir une vérité. Être capable de citer une vérité ne signifie pas l'avoir pleinement saisie.

Pour assimiler une doctrine, je dois...	**... l'apprendre (comprendre la vérité)**	**... l'aimer (changer ma perspective)**	**... la vivre (l'appliquer à ma vie)**
La Bible	La Bible est le guide parfait de Dieu pour notre vie.	Je peux prendre la bonne décision.	Je vais consulter la Bible afin de me guider dans ma décision au sujet de ____________________.
Dieu	Dieu est plus grand, meilleur et plus proche que je ne peux l'imaginer.	Le point plus important me concernant, c'est ce que je crois au sujet de Dieu.	Lorsque je considère la grandeur de Dieu, cela me montre combien ____________________ a l'air petit.
Jésus	Jésus est Dieu se révélant lui-même à nous.	Dieu désire que je le connaisse mieux.	Je vais apprendre à connaître Jésus par un moment quotidien avec lui.
Le Saint-Esprit	Dieu vit en moi et à travers moi, maintenant.	Je suis le temple du Saint Esprit de Dieu.	Je vais traiter mon corps comme le temple qu'il est par ____________________.
La création	Rien n'est survenu par hasard. Dieu a tout créé.	J'ai un objectif dans ce monde.	La raison pour laquelle j'existe c'est de ____________________.
Le salut	La grâce est la seule manière d'avoir une relation avec Dieu.	Je suis l'objet de la grâce de Dieu.	Je vais arrêter de considérer ____________________ comme une façon de gagner mon salut. Je le ferai simplement par appréciation pour la grâce de Dieu.
La sanctification	La foi est la seule façon de grandir en tant que chrétien.	Je grandis lorsque je me vois d'une nouvelle manière	Je vais passer plus de temps à écouter ce que la Parole de Dieu dit à mon sujet et moins de temps à écouter ce que le monde dit de moi.
Le bien et le mal	Dieu a permis le mal afin de nous donner un choix. Dieu peut faire ressortir du bien même des événements mauvais. Dieu a promis la victoire sur le mal à ceux qui le choisissent.	Toutes choses concourent au bien.	Je combats le mal lorsque je fais face ____________________. Je surmonterai le mal par le bien en ____________________.
La vie après la mort	Le ciel et l'enfer sont des lieux réels. «La mort est un début, pas une fin en soi.	Je peux faire face à la mort avec confiance.	Je vais avoir une attitude avec davantage d'espérance envers ____________________.
L'Église	La seule « superpuissance» mondiale est l'Église.	Le meilleur endroit pour investir ma vie c'est dans l'Église de Dieu.	J'ai besoin d'approfondir mon engagement envers l'Église en ____________________.
Le retour de Christ	Jésus va revenir pour juger ce monde et pour rassembler les enfants de Dieu.	Je veux vivre dans l'attente de son retour.	Quelqu'un que je peux encourager par l'espérance de son retour: ____________________

Réponses

résumé structuré
Bible enseigne
foi qui cherche à comprendre
appris à mieux connaître Dieu
nourri votre âme
partager ces choses avec les autres
erreur
penser
fondement essentiel

Notes

Étude d'introduction

[1] J. I. Packer, *Truth and Power* (Wheaton, Ill.: Shaw, 1996), p. 16.

Session 1. La Bible: 1ère partie

[1] Norman L. Geisler and Ronald M. Brooks, *When Skeptics Ask* (Wheaton, Ill.: Victor, 1990), p. 159-160.
[2] William F. Albright, *The Archaeology of Palestine* (Harmondsworth, Middlesex: Pelican, 1960), p. 127.
[3] Josh McDowell, *Evidence That Demands a Verdict* (San Bernardino, Calif.: Here's Life Publishers, 1972), p. 19-20.
[4] Geisler and Brooks, *When Skeptics Ask*, p. 145.

Session 3. Dieu: 1ère partie

[1] A. W. Tozer, *La connaissance de l'Éternel* (Marne-la-Vallée: Editions Farel, 1997), p. 9.
[2] J. P. Moreland, Saddleback Church men's retreat, 7 February 2000.

Session 4. Dieu: 2e partie

[1] Billy Graham, *The Holy Spirit: Activating God's Power in Your Life* (New York: Warner, 1980), p. 27-28.

Session 5. Jésus: 1ère partie

[1] Walter Elwell, ed., *Topical Analysis of the Bible* (Grand Rapids, Mich.: Baker, 1991).
[2] *Encyclopaedia Britannica*, 15th ed., s.v. «Jesus Christ».

Session 6. Jésus: 2e partie

[1] C. S. Lewis, *Les fondements du christianisme* (Valence: Ligue pour la lecture de la Bible, 2006), p. 66.
[2] Josh McDowell, *Evidence That Demands a Verdict* (San Bernardino, Calif.: Here's Life Publishers, 1979), p. 103-107.
[3] Peter W. Stoner, *Science Speaks: Scientific Proof of the Accuracy of Prophecy and the Bible*, 3rd rev. ed. (Chicago: Moody Press, 1969), p. 100-107.

Session 8. Le Saint-Esprit: 2e partie

[1] Les trois prochaines illustrations sont tirées de Bill Bright, *Connaissez-vous la plénitude du Saint-Esprit dans votre vie?* (Ozoir La Ferrière: Agapé, 1991), p. 8.

Session 9. La création: 1ère partie

[1] R.E.D. Clark, *Darwin: Before and After* (London: Pastermoster, 1948), p. 86.
[2] Francis Crick, *Life Itself, Its Origin and Nature* (New York: Simon and Schuster, 1981), p. 51-52.
[3] Charles C. Ryrie, *ABC de théologie chrétienne* (Romanel-sur-Lausanne: La Maison de la Bible, 2005), p. 196.
[4] Fred Hoyle, *The Intelligent Universe* (New York: Holt, Rinehart and Winston, 1983), p. 19.
[5] Francis Darwin, *Life and Letters of Charles Darwin* (New York: Basic Books, 1959), 1:210.

[6] David Raup, «Conflicts Between Darwin and Paleontology», *Field Museum of Natural History Bulletin* 30 no. 1 (1979): 25.
[7] Michael J. Behe, *Darwins Black Box: The Biochemical Challeenge to Evolution* (New York: Free Press, 1995), p. 39.
[8] Gregory Koukl, *Michael Behe's Theistic Evolution*, transcript of Stand to Reason Radio, 24 December 1997, accessed 1 February 2003 at www.str.org.
[9] Dr. Ray Bohlin, *Why We Believe in Creation*, Accessed 1 February 2003 at www.probe.org.
[10] Michael D. Lemonick, «Echoes of the Big Bang», *Time* (4 May 1992), p. 62.
[11] Sharon Begley, «Science Finds God», *Newsweek* (20 July 1998), p. 46–51.
[12] Robert Jastrow, *God and the Astronomers*, 2d ed. (New York: W.W. Norton, 1992), p. 106-107.

Session 12. Le salut: 2e partie

[1] Les 3 points marqués ont été adaptés de Charles C. Ryrie, *So Great Salvation* (Wheaton, Ill.: Victor, 1989), p. 142–143.
[2] Annexe adaptée and abrégée de Charles Stanley, *Eternal Security: Can You Be Sure?* (Nashville: Nelson, 1990), p. 135–183.

Session 15. Le bien et mal: 1ère partie

[14] Aleksandr I. Solzhenitsyn, *The Gulag Archipelago, 1918-1956*, trans. Thomas E. Whitney (New York: Harper & Row, 1985), p. 615.

Session 16. Le bien et le mal: 2e partie

[1] C.S. Lewis, *Le problème de la souffrance* (Le Mont-Pélerin: Éditions Raphaël, 2001), p. 130.

Session 18. La vie après la mort: 2e partie

[1] Source inconnue.

Session 21. Le retour de Christ: 1ère partie

[1] Billy Graham, *La dernière chevauchée - Les quatre cavaliers de l'Apocalypse* (Cachan: Décision, 1986), p. 15.
[2] Charles R. Swindoll, *Growing Deep in the Christian Life* (Portland, Ore.: Multnomah Press, 1986), p. 268.
[3] Billy Graham, *La dernière chevauchée - Les quatre cavaliers de l'Apocalypse* (Cachan: Décision, 1986), p. 18.

Étude de conclusion

[1] J. I. Packer, *Truth and Power* (Wheaton, Ill.: Shaw, 1996), p. 16.

Ressources disponibles

Une vie motivée par l'essentiel, Rick Warren
Quel est le sens de notre vie? Dieu aurait-il des projets pour nous, pour notre vie et pour l'éternité?
Pendant 40 jours et autant de chapitres quotidiens, le pasteur Rick Warren propose de partir à la découverte du sens de la vie. «Pourquoi suis-je sur terre?»: la réponse à cette question permet de vivre l'essentiel, d'affronter la vie avec sérénité, et de se préparer pour l'éternité.
Une vie motivée par l'essentiel est un guide de vie chrétienne pour les chrétiens du 21e siècle - une existence basée sur les plans éternels de Dieu et non sur les valeurs culturelles. À partir de plus de 1200 citations et références bibliques, il remet en question les définitions conventionnelles de l'adoration, de la communion fraternelle, de la maturité, du ministère et de l'évangélisation. Dans la tradition d'Oswald Chambers, Rick Warren nous offre des explications judicieuses sur le vrai sens de la vie. C'est un livre plein d'espoir que vous allez lire et relire, et qui deviendra un classique apprécié des générations futures. - 360 pages

40 jours pour découvrir l'essentiel
Une campagne de 40 jours pour les Églises qui se fonde sur le livre *Une vie motivée par l'essentiel*, en y ajoutant des messages, des ressources pour petits groupes, jeunes et enfants ainsi que pour les responsables. Cette campagne stimule la croissance spirituelle d'une Église locale en la mobilisant pendant 40 jours, produit des effets remarquables dans la vie des participants en appliquant cette stratégie à l'ensemble de la communauté et a un impact sur la vie de personnes pas encore chrétiennes.

L'Église une passion une vision, Rick Warren
Chaque Église est motivée ou dirigée par quelque chose. Que ce soit la tradition, les finances, les programmes, les personnalités, les événements, les non-croyants, et même les bâtiments, chacun de ces éléments peut devenir une force qui contrôlent une Église. L'auteur, lui, affirme que pour être en bonne santé, une Église doit devenir motivée par la passion et la vision, édifiée sur les cinq desseins donnés à l'Église par Jésus-Christ dans le Nouveau Testament: la chaleur, au moyen de la communion fraternelle, la profondeur, au moyen de la maturité, la fermeté au moyen de l'adoration, la perspective, au moyen du ministère et la taille au moyen de l'évangélisation. - 308 pages

La jeunesse une passion une vision, Doug Fields
Si vous brûlez d'envie de toucher des jeunes et de voir leur vie changée par Dieu, ce guide, très clair, vous montrera comment faire. La jeunesse, une

passion, une vision vous sera aussi utile dans votre ministère auprès des jeunes que le livre de Rick Warren *L'Église une passion une vision* l'a été pour les pasteurs. - 356 pages

Une vie motivée par l'essentiel: le b.a.-ba, formation de disciples un à un
4 leçons à faire un(e) à un(e) afin de connaître la foi, pour toute personne intéressée par le christianisme. - Format A5, 36 pages

Une vie motivée par l'essentiel: la croissance,
formation de disciples un à un
9 leçons à faire un(e) à un(e) afin de grandir dans la foi. - Format A5, 160 pages

Une vie motivée par l'essentiel: la communication,
formation de disciples un à un
5 leçons à faire un(e) à un(e) afin d'apprendre à communiquer sa foi.
- Format A5, 80 pages

Motiveparlessentiel.org
D'autres ressources sont en traduction et en développement. Visitez notre site pour de plus amples renseignements.

Cartes de mémorisation

La vérité au sujet de la Bible **1**

La Bible est le guide parfait de la part de Dieu pour notre vie.

La vérité au sujet de Dieu **2**

Dieu est plus grand, meilleur et plus proche que je ne peux l'imaginer.

La vérité au sujet de Jésus **3**

Jésus est Dieu se révélant lui-même à nous.

La vérité au sujet du Saint-Esprit **4**

Dieu vit en moi et à travers moi maintenant.

La vérité au sujet de la création **5**

Rien n'est survenu par hasard. Dieu a tout créé.

La vérité au sujet du salut **6**

La grâce est la seule manière d'avoir une relation avec Dieu.

La vérité au sujet de la santification **7**

La foi est la seule façon de grandir en tant que chré-tien.

La vérité au sujet du bien et du mal **8**

Dieu a permis le mal afin de nous donner un choix.
Dieu peut faire ressortir du bien même des événements mauvais.
Dieu a promis la victoire sur le mal à ceux qui le choisissent.

La vérité au sujet de la vie après la mort **9**

Le ciel et l'enfer sont des lieux réels. La mort est un début, pas une fin en soi.

La vérité au sujet de l'Église **10**

La seule vraie «superpuissance» mondiale est l'Église.

La vérité au sujet du retour de Christ **11**

Jésus va revenir pour juger ce monde et pour rassembler les enfants de Dieu.

Voyez quel amour le Père nous a témoigné pour que nous soyons appelés enfants de Dieu!

– 1 Jean 3.1

C'est toi, Eternel, c'est toi seul qui as fait le ciel, les cieux des cieux et toute leur armée, la terre et tout ce qu'elle porte, les mers et tout ce qu'elles contiennent. C'est toi qui donnes la vie à tout cela, et les corps célestes se prosternent devant toi.

– Néhémie 9.6

Du reste, nous savons que tout contribue au bien de ceux qui aiment Dieu, de ceux qui sont appelés conformément à son plan.

– Romains 8.28

C'est pourquoi, tenez votre intelligence en éveil, soyez sobres et mettez toute votre espérance dans la grâce qui vous sera apportée lorsque Jésus-Christ apparaîtra.

– 1 Pierre 1.13

Toute l'Ecriture est inspirée de Dieu et utile pour enseigner, pour convaincre, pour corriger, pour instruire dans la justice.

– 2 Timothée 3.16

Ne vous enivrez pas de vin: cela mène à la débauche. Soyez au contraire remplis de l'Esprit.

– Éphésiens 5.18

J'ai été crucifié avec Christ; ce n'est plus moi qui vis, c'est Christ qui vit en moi; et ce que je vis maintenant dans mon corps, je le vis dans la foi au Fils de Dieu qui m'a aimé et qui s'est donné lui-même pour moi.

– Galates 2.20

N'abandonnons pas notre assemblée, comme certains en ont l'habitude, mais encourageons-nous mutuellement. Faites cela d'autant plus que vous voyez s'approcher le jour.

– Hébreux 10.25

En effet, c'est en lui qu'habite corporellement toute la plénitude de la divinité. Vous avez tout pleinement en lui, qui est le chef de toute domination et de toute autorité.

– Colossiens 2.9-10

En effet, c'est par la grâce que vous êtes sauvés, par le moyen de la foi. Et cela ne vient pas de vous, c'est le don de Dieu.

– Éphésiens 2.8

Attachez-vous aux réalités d'en haut, et non à celles qui sont sur la terre.

– Colossiens 3.2